聖典バガヴァッド・ギーター

Detailed Explanations of Bhagavad Gita

6

森井 啓二

きれい・ねっと

まえがきに代えて

進化のために最も必要な習慣

聖典を丁寧に読み解いていくことは、自分の内的世界を探求していく道標（みちしるべ）になります。

一般書とは違い、聖典を「読む」という行為には、「読んで」、「洞察し」、「理解し」、「瞑想し」、「実践する」、そして、「これらを繰り返す」ということが含まれます。

自分で理解したつもりの言葉も文章も、実は人智を超えた深みがあるため、何度読んでも毎回必ず新たな発見が見つかります。短い詩節の中に、無限の叡智の片鱗が凝縮されているのです。

「眼光紙背（がんこうしはい）に徹す」という言葉がありますが、紙の裏まで見通すように真意を見抜いていくには、この五つの行程すべてが必要であり、中でも、特に重要なのが「瞑想」と「実践」です。

これらは、言葉を智慧に変容させていく大切で神聖な作業です。

そして、こうして身についた智慧に変容したエネルギーは、輪廻転生を超えて魂と共に持っていける唯一の財産となります。

このことは、どの聖典にも、さらには日常にも言えることです。

　日本の国歌「君が代」も古から伝わる「いろは歌」も、誰もが知っているのに、本当に深く真意を理解しようとする人はほとんどいません。でも実は、これらは人を解脱に導く神聖な詩なのです。

　この巻では、はじめに釈迦大師の過去世の一つである雪山童子の話から始め、短い詩の中に含まれている無限の叡智を垣間見てみましょう。

　これは、「大般涅槃経」という経典の「雪山偈」という詩句に収録されている話です。

　雪山童子は、人里離れた雪深い山岳地帯に籠り、悟りを求めて厳しい修行を続けていました。童子は、修行によって人生の答えを探し求めていました。

　「人は何のために生きるのか。なぜこの世は苦しみがあるのか。どうしたら悲しみから解放されるのか」。

　いくら過酷な修行を積み重ねても、満足する答えを得ることが出来ません。

　ある時、童子が瞑想している時に、かすかな声が聞こえてきました。でも、ここは人が簡単に立ち入ることの出来

る場所ではありません。深い雪の中で聞こえた声は、きっと幻聴だろうと考えました。

　でも、かすかに聞こえてきたその言葉に、童子の心は強く感銘を受けていました。

　「諸行無常　是生滅法」。
　　<ruby>諸行無常<rt>しょぎょうむじょう</rt></ruby>　<ruby>是生滅法<rt>ぜしょうめっぽう</rt></ruby>

　童子は、耳に入ってきたこの言葉を、何度も何度も心の中で内観してみました。

　この世のすべては、変わり続ける。それがどんなに美しいものでも、尊いものでも、華やかなものでも、生まれてきてやがては消滅するのが、法である。

　この言葉には、童子がずっと求めてきた真理の半分がありました。
　「一体誰が、この尊い真理の言葉を私に届けてくれたのだろう。これで真理の半分が理解できた。あとの半分の真理も何としても聞いてみたい」。

　童子は、自分の周辺に誰かいないか山中を必死になって探しました。でも、雪の中や岩の陰、洞窟、峡谷までくまなく捜索しても、誰一人見つけることが出来ません。

そして、探すのをあきらめかけたその時、山頂近くの大きな岩の上に、羅刹が立っていたのです。

　羅刹は、人を殺して食す、恐ろしい悪鬼として知られていました。羅刹は、動物のようにすばやく大地を疾走し、鳥のように大空を飛ぶ能力があるために、獲物として見つかった人間はもはや羅刹から逃れることは出来ません。

　童子は目を疑いました。「まさか、あの羅刹が先ほどの声の主なのか？　他には誰もいない。でも、羅刹に悟りの言葉が発せられるとは思えない……。もしかすると、仏から尊い教えを受けたことがあるのかもしれない。まずは確かめてみよう」。

　童子は、恐る恐る羅刹に近づいていきました。近づけば、そのまま殺されて食べられてしまうかもしれない。それでも確かめたい。

　童子は、意を決して羅刹に近づくと、次のように聞きました。

　「大士よ、先ほど尊いお言葉を説かれたのはあなたでございましょうか」。

　羅刹は、恐ろしい形相で振り向くと、無言のまま童子をにらみつけています。

童子は必死であり、羅刹の形相にひるむことなく、もう一度丁寧に羅刹に尋ねました。

　「大士よ、先ほど尊いお言葉を説かれたのはあなたでございましょうか。もしそうであれば、残りの言葉を教えていただきたいのです」。

　羅刹は口を開きました。

　「修行者よ、わしはそんな悟りの言葉などは知らん。聞いたというのは、おまえの幻聴だろう。

　わしはな、ここ十日ほど何も食っていないので、何かうわごとを口走ったかもしれん。しかし今は腹が空きすぎて、何も言う力が残っていないのだ」。

　羅刹の声を聞いた童子は、羅刹こそがあの悟りの言葉の主だと確信しました。童子は、さらに羅刹に向かって懇願します。

　「お願いでございます。空腹でさぞ苦しいことは承知の上、どうか残りの言葉をお聞かせください。もしそれが聞けましたならば、私は一生涯あなたの弟子としてお仕えいたします。何卒お聞かせください」。

　すると羅刹は答えます。

　「見てのとおり、わしは醜い業報を受ける身。弟子など

は必要ない。おまえは自分のことばかり要求して、少しもわしの身を考えてはくれないのだな。

　自分さえ悟りを得ることが出来れば、他人はどうなってもよいというのか。わしが何と言ったか覚えているのか？腹が空きすぎて言葉が出ないと言っておるのだぞ」。

　童子はさらに語りかけます。
　「大士よ、あなたが食べたいものを何でもおっしゃってください。私が必ずや用意してまいりましょう」。
　これを聞いた羅利は、嘲るように笑いながら言いました。
　「おまえにその覚悟はあるのか？　わしが食べたいものを言えば、おまえはただ驚き、困るであろう」。

　童子は、動じることなくさらに言います。
　「命を懸けて悟りを求め、この地で限界まで修行してきました。今さらどんなことを聞かされても、驚きも、悲しみも、恐れもいたしません。遠慮なく望みをおっしゃってください」。
　これを聞いた羅利は、わずかに笑みを浮かべながら答えました。
　「命を懸けて望むなら聞かせてやろう。わしが食べたいのは、おまえたちのような木の根や葉っぱや人参ではない。犬や猪や鹿でもない。人間の肉だ。生きた人の肉が欲しい。

どうだ、おまえは用意できるのか？」

　童子は尋ねました。
「大士よ、それは私の身体でもよろしいのでしょうか？」
　羅刹は答えます。
「それでおまえはいいのか？　せっかく言葉を聞いても、その場で殺されるのだぞ？」
　童子は覚悟を決めていました。
「あなたがもし、残りの悟りの言葉を聞かせてくださるならば、私は喜んでこの肉体を差し上げます。この肉体は、どんなに大切にしても五十年か百年で滅びるもの。永遠に生きる悟りと比べれば、惜しくはありません。どうかご教示ください」。

　これを聞いた羅刹は、次のように語りました。

「生滅滅已　　寂滅為楽」。

　羅刹はついに、童子に向かって残りの言葉を説いたのです。
　これを聞いた童子は、長年の疑問が氷解し、ついに悟りを開くことが出来ました。

「おお……。私の人生の最高の目的が、今ここに成就した……」。

　歓喜に包まれた童子は、自分の身を提供する前に、後の人々のためにこの言葉を石に刻みつけたいと、羅刹に懇願しました。
　童子は、一文字一文字心を込めて丁寧に石に彫り終えると、感慨深く刻んだ偈文（げもん）を眺め、恍惚状態になりました。
　しばらく経ってから、童子は崖に登り、羅刹の足元にめがけて投身しました。

　ところが、童子が羅刹の足元の岩に激突するその瞬間。

　羅刹が一瞬で仏法を守護するインドラ神に変容し、童子を抱き留めました。インドラ神は抱えた童子を優しく岩の上に下ろし、次のように言いました。

　「素晴らしい。おまえは真の菩薩である。おまえの神に献身する強い意志があってこそ、悟りを開くことができたのだ」。
　インドラ神は、童子の修行をずっと見守り、最適な時期に羅刹の姿に変わって、求道心を試したのでした。

雪山童子が命を懸けて得た「悟りの偈文」は、日本では「いろは歌」になっています。

　　諸行無常　すべては移り変わるものであり
　　是生滅法　これは生滅の法である

　　いろはにほへと　ちりぬるを（色は匂えど　散りぬるを）
　　物質界のものは感じられるが　やがては散りゆく

　　わかよたれそ　つねならむ（我が世誰ぞ　常ならむ）
　　この世に常なるものなど存在しない

　　生滅滅已　生と死が止滅して、現世を超えて涅槃に至る
　　寂滅為楽　迷いの世界から離れた悟りの境地は至福である

　　うゐのおくやま　けふこえて（有為の奥山　今日超えて）
　　苦しみ迷いの山の奥を　今日乗り越えて

　　あさきゆめみし　ゑひもせす（浅き夢見じ　酔いもせず）
　　幻想に酔うことのない世界に出た

　「いろは歌」には、煩悩の消え去った究極の悟りの境地が示されています。

しかも、すべてのひらがな（言霊）を一回ずつ使った詩は、万物万象すべてが平等に広がりながら調和のとれた究極の境地を形成していることの象徴にもなっているのです。

　「いろは歌」は、上古第二代造化氣万男天皇（つくりぬしきよろずおすめらのみこと）の時代に、神意識に至った人が地上に下してきたとされています。「いろは歌」は、神から人へ伝えられた神示であり、「ひふみ歌」は人から神へ捧げる祝詞です。瞑想と祈りの中に見られる神と人の関係と同じです。

　空海は、この「いろは歌」の古代日本の文字であるアヒルモジから、現在のいろは文字を作ったとされています。
　この「いろは」文字配列には大きな秘密が隠されています。それと同じように、日本の国歌「君が代」にも、たった32文字の中に無限の教えが畳み込まれています。
　「バガヴァッド・ギーター」も同様に、無限の教えと共に、人を解脱へと導く大きな仕掛けが仕組まれています。ギーターには、地球の叡智でもあるヴェーダのすべてのエッセンスが入っているのです。

　日常の中には、永遠の至福の境地に繋がる入り口が、いたるところに隠されています。日常を丁寧に意識的に生きることで、どこで何をしていても、さまざまな教えを受け

ることができるのです。

　この物質世界は諸行無常であり、常にすべてが変わり続けています。それはすなわち、永遠至福の境地へと到達するために、この物質世界を正しく活用することによって、私たちも常により良く変容していくことが出来るということです。

　「Anantho vai Vedaah ヴェーダは無限なり」（サティヤ・サイ・ババ）

　「物に定まれる性なし。人なぞ常に悪ならん」（空海／秘蔵宝鑰）
　物には固定されたものなどは無く、常に変容していく。人も同じようにいつまでも悪人でいることは出来ない。正しい教えに触れれば、いつでも立派な人へと変容していける。

　「法は本より言無けれども、言に非ざれば顕はれず。真如は色を絶すれど、色を待つて、すなはち悟る」（空海／請来目録）
　真理は言葉で表せないほどの無限の世界だが、言葉がなくては人に伝えるすべがない。真実の世界は、物質的な形

13

を持たないが、物質世界に現れる形から悟ることが出来る。

　人は、確固たる崇高な意志をもって、無限なる叡智に接することにより、常により良い方向に進化していくことが出来ます。そして、この進化のために最も必要な習慣が、「瞑想」です。

　この第6章では、その「瞑想」が主なテーマとなります。

　「絶えざる成長が、魂の目的である」（エドガー・ケイシー 3416-1）

　この章は、ギーターの前半部分のとても重要な役割を果たしています。

　第1章の瞑想への導きから始まり、第5章までで習得した教えの実践が説かれていくのです。

　そしてそれによって、前章までに説かれてきた教えが成就されていく道が、さらに明確にされていきます。

　まずは第6章をゆっくりと読み、その全体像を感じるところから始めていきましょう。

もくじ

Chapter 6.

第6章
瞑想のヨーガ

スリー・バガヴァーンは言った。

「行動の結果にこだわらずに、なすべきことをなす者は、放棄者（サンニャーシー）であり、ヨーガ行者である。祭火を灯さない者や、祭祀を行わない者は、そうではない。(1)」

「サンニャーサ（行動の放棄）と言われるものがヨーガであることを知れ。パーンドゥの息子（アルジュナ）よ、欲望を放棄しなければヨーガ行者にはなれない。(2)」

「ヨーガに到達しようと聖者を目指す者の手段は、行動であると言われる。ヨーガに到達した者の手段は、静寂であると言われる。(3)」

「すべての欲望を捨てて、感覚の対象と行動に執着しない者は、ヨーガに到達した者と言われる。(4)」

「自ら心を高めよ。心を堕落させてはいけない。制約された魂にとって、心こそ友であり、同時に、心こそ敵であるから。(5)」

「心を克服した者にとって、心は最良の友である。しかし、心を克服していない者にとって、心は最大の敵のようにふるまう(6)」

「自己を克服して静寂を得た人の最高我（パラマートマー）は、寒

さにも暑さにも、苦にも楽にも、名誉や不名誉にも、動じること
なく安定している。(7)」

「知識と智慧（自己実現）に満足して揺ぎなく、感覚を支配したヨー
ガ行者は、確立した者と言われる。彼にとっては、土塊も石も黄
金も同等である。(8)」

「自分に好意を寄せる者、友人、敵、無関係な者、中立的な立場
の者、憎むべき者、親族、善人、悪人を平等に見る者は優れている。
(9)」

「ヨーガ行者は人里離れた所で隠遁生活を送り、心身を制御し、
願望なく、所有の観念を放棄し、いつも心の集中に努めなけれ
ばならない。(10)」

「清浄な場所に、クシャ草と鹿皮と布を重ねて敷いた、高すぎず
低すぎない安定した座を設け、(11)」

「ここに坐り、心と感覚の働きを制御し、心を一点に集中してヨー
ガを実践し、自己を浄化しなければならない。(12)」

「胴体と頭と首を垂直に保って、不動の姿勢をとり、鼻先を見つ
めてきょろきょろせず、(13)」

「心を静めて恐怖を抱かず、肉体的な性欲を昇華し、心を制御し、いつも私を思い、私に意識を集中して坐らねばならない。(14)」

「このように、常に自己の統制に努めていれば、心を制御したヨーガ行者は、物質世界を脱却し、平安の神の王国に到達する。(15)」

「飽食をする者にも、過度に食を控える者にも、ヨーガはない。アルジュナよ、眠り過ぎる者にも、不眠を続ける者にも、ヨーガはない。(16)」

「適度に食べ、適度に体を動かし、適度に行動し、適度に睡眠と目覚めをとる者にとって、ヨーガは苦しみを根絶するものとなる。(17)」

「ヨーガをしっかりと修練して物質的な欲望をことごとく帰滅させ、心が静謐になり真我の中に安住した時に、ヨーガを確立したと言われる。(18)」

「風のない所では灯火が揺れないように、心を統制して真我に意識を集中しているヨーガ行者は自己に安定して微動すらしない。(19)」

「ヨーガの修行で心の動きを完全に支配し、事物から退き、静寂を得た時、自己が自ら真我を見出して満足し、(20)」

「理知で認識できる、感覚を超えた最高の喜びを感じた時、ここに留まって真理から逸脱せず、(21)」

「これを得ればこれ以上に得るものはないと思い、ここに留まれば最大の苦難にも動揺しない、(22)」

「このような苦悩とのかかわりを断ち切ることが、ヨーガと呼ばれることを知れ。決然として、ひたむきな心でこのヨーガを実践せよ。(23)」

「想念から生まれるすべての欲望を放棄して、あらゆる方面からすべての感覚を心で統御し、(24)」

「十分な確信を持って知性に導かれて徐々に一歩一歩超越的境地へと到達せよ。他のことを考えず、真我に意識を集中せよ。(25)」

「動揺して不安定な心がいかなる理由で流浪しても、これを引き戻して、真我にのみ従わせよ。(26)」

「私に心を固定して不動となったヨーガ行者は、最高の至福を得ることが出来る。激情（ラジャス）を超えて、至上霊ブラフマンに合一した境地を悟り、一切の罪から離れる。(27)」

「このように常にヨーガの実践を行い、物質界の汚れを離れたヨーガ行者は、ブラフマンとの結合という究極の歓喜の境地に到達する。(28)」

「ヨーガによって心が調和した者は、万物の中に自己を見、自己の中に万物を見る。彼は万物を同等に見ている。(29)」

「万物の中に私を見、私の中に万物を見る者は、私を見失うこともなく、私が彼を見失うこともない。(30)」

「万物と一体になり、万物に宿る私を礼拝するヨーガ行者は、どのような生活をしていても、私の中にいる。(31)」

「アルジュナよ、喜びや苦しみがどこにあっても、それを自分のものと同じ基準で見る者は、最高のヨーガ行者とみなされる。(32)」

アルジュナ
「クリシュナよ、あなたはこのヨーガが万物を同等に見る境地であると語った。しかし、心が動揺していて、私には不動の境地が

見えない。(33)」

「クリシュナよ、心が動揺して荒れ狂い、強烈で頑固である。心を抑えることは、風を抑えるほどに難しいと私は思う。(34)」

「勇士よ、確かに心は動揺し、制御することが難しい。しかし、実践と無執着によってこれを制御することはできる。(35)」

「自己を制御できない者がヨーガを達成することは難しいと、私は認める。しかし、自己を制御して、適切な方法で努力すれば、これを達成することができる。(36)」

アルジュナ
「信仰心があっても、自己を制御することができず、心がヨーガからそれた者は、ヨーガを達成することができず、どこに行くのか。クリシュナよ。(37)」

「両方から脱落した者はブラフマンへの道の途上で迷い、よりどころもなく、ちぎれ雲のように消えてしまうのではないか。(38)」

「クリシュナよ、この私の疑惑を完全に断ち切りたまえ。この疑惑を断ち切る者は、あなた以外に誰もいない。(39)」

スリー・バガヴァーンは言った。
「プリターの子よ、真理を求めて、善行を積んだ人々は、この世でも来世でも、破滅することはない。友よ、善を行う者が悲惨な所（地獄）に落ちない。(40)」

「ヨーガの修行から脱落した者は、敬虔な人たちの世界に行き、長い間そこで暮らした後、徳の高い裕福な人々の家庭に再び生れる。(41)」

「あるいは、賢明なヨーガ行者の家族に生まれる。このような出生はこの世では極めて得がたい。(42)」

「クルの子よ、彼は前世で得た知識をここで再び獲得し、完成を目指して、前世以上に努力する。(43)」

「前世での修行により、彼は否応なく（ヨーガの道に）導かれる。ヨーガを知ろうと望むだけでも、ヴェーダの儀式を行う者を超える。(44)」

「骨身を惜しまずに努力するヨーガ行者は、あらゆる罪を清め、幾多の誕生を経て完成に達し、最高の境地に至る。(45)」

「ヨーガ行者は苦行者よりも優れ、知識ある者よりも優れていると

考えられる。彼は果報を求めて行動する者よりも優れている。だから、アルジュナよ、ヨーガ行者であれ。(46)」

「すべてのヨーガ行者の中で、大いなる信念をもって私に帰依し、献愛奉仕の心で私を礼拝する者は、内なる真我が最も親密に私と結ばれる。この者を私は最も偉大なヨーガ行者とみなす。(47)」

Chapter 6.

第6章
瞑想のヨーガ　精解

VI. atha ṣaṣṭhodhyāyaḥ.

(ātmasaṃyamayogaḥ)

（1）～（13）

śrībhagavān uvāca
anāśritaḥ karmaphalaṃ kāryaṃ karma karoti yaḥ
sa saṃnyāsī ca yogī ca na niragnir na cākriyaḥ 6.1

スリー・バガヴァーンは言った。
「行動の結果にこだわらずに、なすべきことをなす者は、放棄者（サンニャーシー）であり、ヨーガ行者である。祭火を灯さない者や、祭祀を行わない者は、そうではない。(1)」

　「行動の結果にこだわらず」というのは、前章までに示したように、真我は行動そのものからは離れているということを、完全に理解して実践している状態です。真の自分が行動そのものから離れているために、その結果には全く期待することも、こだわりもありません。

　ただ、顕在意識の中で行動の結果を期待しないだけでは、無執着の気分を装うだけであり、心にまだ揺らぎが生じます。それは、基盤がまだ普遍意識に根ざすことが出来ずに、感情や知識で得た顕在意識の浅い部分にあるからです。
　行動の結果から完全に離れるということは、瞑想と日々の実践の積み重ねによって到達する普遍意識の至福の中で、確立された状態であることを意味しています。

「なすべきことをなす」

　人は、自分の心に好き嫌いを持って生きています。さらに、独自の基準による善悪の考え方も持っています。

　一般的な人は、自分の好き嫌いや自分の中の善悪の基準が、行動を起こすときの指標になっています。自分が選んだ目的や目標は、自分の好み、または直感的な好みで選んでいるはずです。

　この好き嫌いを作り出す感情には、人の低次の自我を引き付ける強い魔力が隠れています。また、自分の好みで選んだ行動が、その結果の期待に繋がっていくのは当然のこととなります。

　でも、個人の思う好き嫌いや善悪は、必ずしも神の摂理（ダルマ）と完全に一致しているとは限りません。人の制約された顕在意識と、神の無限かつ永遠の意識では大きな相違があるのです。

　なすべきことをなすとは、このような個人の好き嫌いや善悪を超えて、神の摂理に叶った行動を行うという意味になります。そこには行動を起こす動機に利己的な要素は存在せず、それゆえ、行動の結果にこだわることもありません。

「常に真我を思い、為してはならないことを為さず、為

すべきことを常に為して、心がけて自らを修める者からは、穢れが消えていく」（釈迦大師／ダンマパダ）

　ここで「放棄者（サンニャーシー）」という言葉が出てきます。サンニャーシーは、放棄者とも探究者、求道者とも呼ばれます。

　サンニャーシーとは、自己実現のために社会的にも精神的にも、神に向かう霊性進化の道に必要の無いすべての欲を放棄し、自分の内側の世界を探求する人のことです。過去も未来も放棄して、「中今」今この瞬間に集中して生きる人です。

　サンニャーシーは、「サンニャーサを実践する者」という意味です。

　サンニャーサは、ギーターでも第3章以降繰り返し出てくるサンスクリット語「Sannyasa」で、物質世界での欲や煩悩とそれに関わるすべてのもの、つまり低次の自我を放棄した状態を意味しています。

　ただしこの節では、サンニャーシーになったことによって、祭火（儀式で火を灯すこと）や神に捧げる行動さえも放棄してしまう人は、サンニャーシーとして間違っているということを述べています。

　これは放棄者の意味を間違えて解釈しないため、「なすべきもの」をしっかりと理解して、それ以外のものをしっかりと手離すための補足説明となっています。

　サンニャーシーとなった人は、外に向けていた意識を、内側に全集中しますが、神に捧げる行動さえも放棄し、怠ってしまうのは、サンニャーシーの意味を取り間違えていることになります。
　また、私は「すべてを放棄した」と思っている人は、まだ本当の意味でのサンニャーシーではありません。そのこだわり自体を心の中から放棄できていないからです。

　私たちが理想とすべき道には、自己探求と他者への奉仕という二つの行動があります。狭義の意味でのサンニャーシーは、ここで他者への奉仕も断ってしまい、自己探求だけに専念することになります。

　「放棄者（サンニャーシー）であり、ヨーガ行者である」
　クリシュナは、すでに行動のヨーガであるカルマ・ヨーガは、行動の放棄よりも優れていることを述べています。
　このカルマ・ヨーガの道とサンニャーシーの道は、それぞれ異なる道ですが、ここで二つの道の共通点として、どちらも行動の結果について無執着の境地に到達するという

点を明確にしています。

　ここで大切なことは、サンニャーシーであっても、ヨーガ行者であっても、一般的な社会人であっても、僧侶であっても、どのような仕事に従事していようと、神に向かう意識を持って神の摂理に沿った生き方をすべきであるということです。

　本来、仕事という単語は、「神に仕える事」という意味があります。身魂を磨くと共に、人々に貢献し、世の中を美しく良くするために働くことですから、どこにいてどんな仕事をしていても神に仕える事は可能です。
　マザー・テレサは、「私たちは、成功するために地上にいるのではありません。誠実であるためにここにいるのです」と言いました。この心の姿勢は、どんな仕事にも行動にも必要なものです。

　「今のこの瞬間、瞬間が、私たちの求めているものすべてであって、他には何もいらないのです」（マザー・テレサ）

　「五つを断ち、五つを放棄しなさい。さらに五つを修めなさい。五つの執着を超えた者は、激流を渡った者と呼ばれる」（釈迦大師／ダンマパダ第 25 章 370）

　最初の断つべき五つは、人を「欲界」へと縛り付ける五つの束縛（怒り、猜疑心、五蘊を自己とみなす見解、誤った戒律・禁制への執着、欲望への執着）を指しています。

　次の放棄すべき五つは、「色界」「無色界」へと縛り付ける五つの束縛（無智、慢心、心の浮動、色貪（色界に対する欲望・執着）、無色貪（無色界に対する欲望・執着））を指しています。

　次の修めるべき五つは、信心、精進、精神統一、正しい法の理解、智慧を指しています。

「自分に属するものをすべて放棄しなさい」（ギャルワン・カルマパⅨ世）

yaṃ saṃnyāsam iti prāhur yogaṃ taṃ viddhi pāṇḍava

na hy asaṃnyastasaṃkalpo yogī bhavati kaścana 6.2

「サンニャーサ（行動の放棄）と言われるものがヨーガであることを知れ。パーンドゥの息子（アルジュナ）よ、欲望を放棄しなければヨーガ行者にはなれない。(2)」

　クリシュナはサンニャーサ（行動の放棄）が、ヨーガ、

つまり神へと向かう道であることを明確にしています。

　ここでクリシュナは、アルジュナのことを「パーンドゥの息子」と呼んでいます。それには主に二つの理由があります。
　一つは、パーンドゥの語源はサンスクリット語の「pand（白い、純粋な）」に由来し、清らかさ、純粋な知性・理知を象徴しています。アルジュナをこのように呼ぶことにより、彼の清らかさを強調して、欲望の放棄を鼓舞しています。

　もう一つは、アルジュナの父であるパーンドゥ王を思い出させることです。パーンドゥ王は、美しい妻の姿を見ながら触れることが出来ない呪いをかけられてしまい、美しい妻たちとの肉体関係を禁じられた生活をしていました。
　ところがある日、自分の第二妃マードリーが沐浴している美しい姿に突然激しく欲情し、彼女にのしかかった状態で呪いによって亡くなってしまいます。
　パーンドゥ王が欲望を完全に放棄できなかったことをアルジュナに思い出させて、同じ過ちをしないようにという意味を込めて、クリシュナはあえてパーンドゥの息子と呼んだのです。

　すべてを超越した神仙ナーラダでさえ、地上で肉体を持って沐浴していた時に、美しい女性として顕現した精霊たちの沐浴している姿を見て、ほんの一瞬心が揺らいだという逸話もあります。

　それだけ肉体を持つ身にとって、性エネルギーが生体に与える影響は強いということを物語っています。

　ここで「サンカルパ sankalpah」というサンスクリット語が出てきます。一般的には、決意、願望、誓いと訳されることが多い言葉ですが、自分が成し遂げたい願望や目標を示す決意を表す言葉です。この節では、利己的な欲という意味で使われています。

　サンカルパは、自我が介入することによって欲望を引き付ける力も持つのです。目標に達するために、お金や地位やその他の欲を利用しようとするからです。こうして人生は、サンカルパとそれに付随する欲望に満ちているものとなっています。

　サンニャーサは、こうしたサンカルパをも放棄することになります。

　「師よ、サンニャーシーとは何を得る人のことをいうのでしょうか？」師は答える。「自ら道を修し、完全な平安に達し、疑いを超越し、生存と衰退を放棄し、清浄な行い

に安立し、マーヤ（幻想）の世界の輪廻から脱した人、そ
れがサンニャーシーである」（スタニパータ）

　瞑想の実践によって、心身はゆっくりと、確実に、精妙
な波動の世界を体験していくことになります。
　瞑想の積み重ねによってより精妙になった状態では、心
が自然と欲望から離れていき、心がそれ自体在るという超
越意識の状態へと導かれ、自ずとサンカルパから解放され
ることになります。

　クリシュナは、この章の中で瞑想について明かしていき
ますが、瞑想に先立って、最初の二節において行動の放棄
の重要性を再度強調しています。
　それは、瞑想には心の平安と安定が最も重要であり、そ
れには外側の世界に対する心構えと行動を正していくこと
が重要であるからです。
　カルマ・ヨーガという外側にアプローチする手段で心を
安定化することによって、ディヤーナ・ヨーガである瞑想
という内側にアプローチする手段がしっかりと確立されて
いくのです。

　「人が誘惑に陥るのは、それぞれ、欲に引かれ、誘われ
るからである。欲がはらんで罪を生み、罪が熟して死を生

み出す。

　愛する兄弟たちよ。思い違いをしてはいけない。あらゆる良い贈り物、あらゆる完全な賜物は、上から、光の父から下って来る」（ヤコブの手紙1：14-17）

　「肉に従う者は肉のことを思い、霊に従う者は霊のことを思うからである。肉の思いは死であるが、霊の思いは、いのちと平安とである」（ローマ人への手紙8：5-6）

　「すべての世俗の追及は、悲哀という唯一の避けることのできない必然の結末を持っている。蓄えれば尽き、作れば破壊され、会えば別れ、生まれれば死に終わる。これを知って、人は世俗の行動を放棄して、直ちに生も死も無い永遠の真理を成就することに取りかかるべきである」（ミラレパ）

　「この世の福楽も罪悪も放棄し、清らかな行いに務め、よく思慮して世に処しているならば、かれこそサンニャーシーと呼ばれる」（釈迦大師／ダンマパダ）

ārurukṣor muner yogaṃ karma kāraṇam ucyate

yogārūḍhasya tasyaiva śamaḥ kāraṇam ucyate 6.3

「ヨーガに到達しようと聖者を目指す者の手段は、行動であると言われる。ヨーガに到達した者の手段は、静寂であると言われる。(3)」

「ヨーガに到達しようと聖者を目指す者」

Aruruksoh（アルルクシュ）：〜をしたい人、〜に到達し
　　　　　　　　　　　　　　　　たい人

Muneh：聖者を目指す・成就に至る

Yogam：ヨーガ体系（ヨーガ八支）

　この節では、「muneh」という言葉が重要になります。これは強い意志の力によって成就に至る人を意味します。この意志の力は、行動の道を歩む人だけでなく、智慧の道を歩む人、信愛の道を歩む人にも使われるものです。

　ここでいうヨーガとはディヤーナ・ヨーガ、つまり瞑想を取り入れたヨーガのことです。そして、そこに至るためには、カルマ・ヨーガ、つまり行動がその手段となることが示されています。
　人は、自分の意志によって、瞑想を始めることが出来ますが、そこから先は意志だけによって最高の状態が作られるものではありません。瞑想の最高の状態は、自分の準備

が調った時に、自然と成るものです。

　その準備とは、日々の一瞬一瞬を、カルマ・ヨーガによる丁寧な生き方によって調えていくことです。カルマ・ヨーガによる神の摂理（ダルマ）に沿った正しい行動は、その人自身を浄化し、心の安定性が強化されていくからです。

　私たちが地上に肉体を纏（まと）ってきているのは、カルマ・ヨーガの実践のためであるということもその理由の一つです。

　生物的な物質状態から始まり、ヨーガを目指すヨーガ・アルルクシュの状態に目覚め、完全に純粋で崇高なヨーガに到達したヨーガ・アルーダ（yogarudhasya）と呼ばれる状態に至るまでの最初の段階で、カルマ・ヨーガは必要不可欠な手段となります。

　そして次に、ヨーガに到達した者ヨーガ・アルーダにとって、心の静寂が手段となることが明確に示されました。

　意識が顕在意識から普遍意識に達することで、永遠なる静寂に包まれます。ここからさらに深い意識状態へと向かうためには、この永遠なる静寂がその手段となります。この時すでに、行動からは離れた真我の状態に在るからです。

　国際宇宙ステーションも、地上から発射される時と、その後宇宙空間で軌道を周回している時ではその推進手段が異なりますが、イメージ的にはそれに似ているかもしれま

せん。地上の強力な重力から離れるには、地道なカルマ・ヨーガが必要ですが、無重力の大気圏に到達すれば、穏やかで静寂な推進力に切り替わるのです。

　ここでもう一度、「集中」、「マインドフルネス」、「瞑想」の違いについて明確にしておきましょう。

　・「集中」とは、特定の対象に心を集中すること。
　・「マインドフルネス」とは、社会的な目標やゴールを設
　　定し、それに向けて心を集中すること。
　・「瞑想」とは、集中した心を神のみに向けること、神に
　　完全集中する境地を得るために心を集中すること。

　集中から黙想、没頭を経て、瞑想に移行していく流れが一般的です。
　集中は、何度も注意散漫になり、雑念に巻き込まれ、また集中するという繰り返しから始まります。この時に大切なことは、揺れ動く集中に焦ることなく、それも楽しみ、リラックスすることです。

　中世以降の西洋では、静寂主義（キエティスム）といって、現世に生活しながらも自己の精神を無にして、聖なるものへ心を没頭さて静寂を得るという心的態度が提唱されてい

ます。静寂主義は、呼吸のコントロール、心臓への意識集中、祈りの詠唱など、ヨーガとの共通点も多く見られます。

　日常生活でも、集中という習慣はとても役に立つものです。

　日常のさりげない動作に心を込めて集中し、楽しむことはとても大切なことです。深い静寂と安らぎの中で、今という瞬間に心を集中する積み重ねによって、すべての行為は心豊かに、そして心を清浄化してくれるものへと変わります。

　ヨーガ・スートラでは、集中から瞑想への流れをとても美しく表現しています。

　「集中とは、心を一つの場（対象）に固定しておくことである。瞑想とは、一つの対象への途切れることのない流れとなったものである」（ヨーガ・スートラ第三章 1-2)

　瞑想も、心の集中から入ります。

　合掌は、心の集中の前に有効です。

　食事の前に「いただきます」と唱えながら合掌するのは、食事に意識を集中するためです。私たちは食事のたびに、無意識のうちに心を集中する行を行っているのです。毎日

の食事の前後のように、瞑想前にも合掌します。

合掌の心得

　右手は自分以外の全ての人とすべての存在、左手は自分。

　さらに、右手は天の世界（エネルギー世界）、左手は地上世界（物質世界）、右手は神、左手は自分。

　それらを心静かに合わせ、感謝します。

　掌を合わせる時に、左手をやや手前に引く所作もありますが、これは自分の謙虚さを表明するという意味があります。

　毎日欠かさない、ほんの数秒の習慣ですが、心を込めた合掌という所作は心を集中に導いてくれるとても大切なものです。

　瞑想は、誰かに強制されてやるべきものではありません。それは土壌が荒れたまま、耕すこともしない状態で、種子を撒くようなものです。

　種子は土壌をしっかりと耕してから撒いた方がいいように、瞑想も自らの心の中で霊性向上の意志が高まり、瞑想に興味を持った時に始めるものです。

　瞑想を行う価値を、自分自身で体験して明確に自覚できれば、自然に日常の時間を瞑想のためにしっかりと確保するようになっていきます。

　そうなると、暇つぶしのゲームや友人たちとの長いおしゃべりの時間に対する執着は消えていき、より多くの時間を瞑想に費やしたくなってくるはずです。不思議なことに、地上の時間がとても貴重であることを、瞑想が教えてくれるのです。

　光陰矢の如しという通り、一回ごとの人生は短く、地上にいる時間はとても貴重なものですから、出来るだけ有意義に使いたいものです。

　「彼女は、光り輝く、清らかな麻布の衣を着ることを許された。この麻布の衣とは、聖徒たちの正しい行いである」（ヨハネの黙示録：19-8）

　「行動の最中には静寂を学び、休息においては活気を学ばなくてはならない」（マハトマ・ガンディー）

　「神は静寂の友です ― 私たちは神の声に耳を傾ける必要があります」（マザー・テレサ）

　「霊的成長を望む者は、霊的成長を促すような生活をするしかありません。その霊的成長は、思いやりの心、寛容の精神、同情心、純粋な愛、無私の行為、使命を立派に遂行することを通して得られます」（シルバーバーチ）

yadā hi nendriyārtheṣu na karmasv anuṣajjate

sarvasaṃkalpasaṃnyāsī yogārūḍhas tadocyate 6.4

「すべての欲望を捨てて、感覚の対象と行動に執着しない者は、ヨーガに到達した者と言われる。(4)」

　ここでクリシュナは、ヨーガの境地、神との合一を果たした境地にいる心の状態を示しています。

　第5巻で詳細に示したように、心は「マナス」、「ブッディ」、「アハンカーラ」、「チッタ」の4つの構成要素によって働いています。

　感覚器官を司りあらゆる情報を収集するマナス、マナスから受けた情報を識別するブッディ、そしてそれを自我と結びつけて欲望や執着を生じさせるアハンカーラ、アハンカーラに影響を受けながら、すべての印象を記録する心の土台となるチッタ。

　ヨーガの到達した境地とは、外界の喧騒から離れて、内界の真我へと向かい、これら心のすべての構成要素の働きが完全に鎮まり、静謐になった状態を表しています。

　ここに至った状態では、もはや五感を使った対象と行動

と行動の結果には執着することが無くなります。マナス、ブッディ、アハンカーラの働きが止まり、最終的には「一」なる存在へと帰滅しているからです。

　チッタの働きも完全に止まったような状態になりますが、真我を映し出している間は、それを体験しているという印象を刻む必要最低限の働きだけが維持されることになります。

　私たちには、すべての欲望を捨てたつもりになっていても、実際には真から捨て切れていないことがよくあります。

　ここでは、スーフィーの覚者アルヒラージ・マンスールの若き頃の話をしましょう。

　彼は晩年になって悟りを開き「アナル・ハク（私が真理だ）」と叫んだ後で、イスラム教徒たちによって殺害されました。

　イスラム教徒にとって、神は神だけであり、真理は神だけだと信じられています。そのため、自らが真理であり神であると宣言するのは神への冒涜行為であり、彼は悪魔とみなされたのです。

　マンスールは若き頃、ジュナイド師の元で出家して修行するために、妻や子供たち、両親、友人たちと別れて旅立

ちました。マンスールは人望があり、彼を知る誰もが彼を愛していて、旅立ちの日は家族だけでなく隣人たちも大勢集まり、別れを惜しみながら見送りました。

　マンスールは何度も振り返り、そのたびに皆は手を振り、お互いに見えなくなるまで別れを惜しんだのでした。

　マンスールは師の住む森の中に入り、まもなくして師の家に到着しました。

　彼が師の家に入ろうとした時、師が家の中から大きな声で、「マンスール、おまえは家族や友人たちを連れてきた。彼らと別れ、一人になってから入ってきなさい」と言いました。でも、後ろを振り返っても、そこには誰もいません。彼は自分の後ろに誰もいないことを確認してから家の扉を開けました。

　すると、師は怒って言いました。「おまえはなぜ私の言うことが聞けないのか。家族や友人たちと別れてから一人で入ってきなさい。それまでは入ってはいけない」。

　マンスールは師に言いました。「ここには私一人しかいません」。

　師はさらに言います。「おまえは外側の世界しか見ていないのか。自分の心の中を見てみなさい。妻や子供たち、両親、友人たちがたくさんついてきているではないか。彼ら全員と別れてから、ここに入りなさい」。

　マンスールは、師の家に入ることなく家の前で三年間瞑想し、ようやく心の中のすべての人と離れて、心身共に一人になりました。

　その時、家の中から師が出てきて、「よく一人になったな。家の中に入りなさい」と言いました。

　マンスールは師に言いました。「私にはもはや入る必要がなくなりました」。

　師はさらに言います。「必要がなくなったおまえに、私は伝えることがあるのだ。さあ、入りなさい」。

　この話は、欲や執着、愛着に対して完全な離欲を行うことの難しさと、完全に心の中を整理する難しさを物語っています。

　執着や欲望の残っている人が、外見だけサンニャーシーとなって森の奥や山の洞穴に入ったとしても、執着や欲望の対象は後について来て、さまざまな形で誘惑してくることでしょう。一方で、世間の中にいても、どこで何をしていても、執着も欲望もなければ、立派なサンニャーシーと言えます。

　サンニャーシーでいるために、森の奥や山の洞穴に籠る必要は無いのです。森の奥に籠っていても、家を出たばかりのマンスールのように世俗の執着を残していれば、世俗

が森の奥まで追いかけてくるからです。

　真の放棄は、心の中にあることを知らなければなりません。

　「欲望を無くそうとする欲こそ、最大の欲だということに何故気づかんのか」（中村天風）

　「私は最小限の欲望しかもたない、だから私は神に最も近いのだ」（ソクラテス）

　「作人無甚高遠事業。擺脱得俗情、便入名流（欲望を捨てることが出来れば、一流になれる。雑音を排除出来れば、聖人の域に入る）」（洪自誠／菜根譚）

　「最も欲望の少ない者が最も豊かな者である」（プブリリウス・シルス）

　「欲望は理性に支配されるべきである」（マルクス・トゥッリウス・キケロ）

　「欲望は満たされないことが自然であり、多くの者はそれを満たすためのみで生きる」（アリストテレス）

　「創造的力が現れるのを妨げるあらゆる要因から、心と体を清めるのが瞑想です。瞑想を正しく行えば、心と体はますます清められます。人は瞑想の静寂の中で、心と体と行いを清めて、より大きな行動力を与えられるのです」（エドガー・ケイシー 281-13）

　「健康な肉体を持っていたら、あなたは心身を何のために使うのか。欲望を満たすためか、それとも、愛を広げるために使うのか」（エドガー・ケイシー）

ddhared ātmanātmānaṃ nātmānam avasādayet
ātmaiva hy ātmano bandhur ātmaiva ripur ātmanaḥ 6.5

「自ら心を高めよ。心を堕落させてはいけない。制約された魂にとって、心こそ友であり、同時に、心こそ敵であるから。(5)」

　「自ら心を高めよ」
　前の節でヨーガの最終地点が示されましたが、ここではその状態に到達するために、最初に知っていなければならないことが語られています。

「自らの心を高めよ」と訳されたサンスクリット語の「uddhared」には、向上する、高める、昇華する、救出する、向上させる、解放するなどの意味があります。

　自らの意識を、真我（神）に向かって高めていくことの重要性を説いています。

　人の心は、思い描く対象を反映して心の中に想念形を創ります。

　愛する人のことを思えば、自分の心の中に愛を育み、崇高な聖者や神を思えば、自分の心の中の崇高さ、神聖さを養うことになります。

　精神性の高い人と交流を持つことは、自分の精神性をより高める刺激となります。心優しく慈悲深い人と一緒にいれば、自分も慈悲深くなっていくことがわかるはずです。

　五つの感覚器官を使って得られるものを、意識的に善いものにするように心がけることによって、自らの心を高めていくことが出来ます。

「心の堕落（avasaddayet）」

　心が内なる世界に正しく向かった状態で、真我意識、宇宙意識、神意識へと波動を高めていく過程において、心の構成要素であるマナス、ブッディ、アハンカーラ、チッタの働きは完全な静止状態になっていきます。この段階に至

ると、心自体の働きが止まっているために、心の堕落は無くなります。

　いまだ一度も超越意識を経験したことのない状態では、意識はいつでも外の世界へ向いているため、生々流転の世に魅了された心は、欲望のままに振舞うものです。心が外の世界にばかり向いている状態では、たえず堕落する機会が現れ続けます。
　心の静謐な状態を維持し、さらに一なるものへと帰結するためには、心を堕落させる外界の事象から離れて、常に心を高めておく必要があります。

「制約された魂」
　これは魂が三つのグナに制約された二元性の状態に在ることを意味しています。
　魂は、心の制御の度合いに応じて制約されています。真我を包み込む心の要素であるチッタと、さらにそれを覆うアハンカーラの穢れが、真我の光を遮っているからです。

「心こそ友であり、同時に、心こそ敵である」
　第5巻で学んだように、心の構成要素、心の性質、心の機能を、宇宙の摂理に沿って活用した場合には、心はサットヴァ（善性）優位となり、真我と調和してとてもすばら

しい伴侶となります。その一方で、ラジャス（激性）優位
またはタマス（暗性・鈍性）優位となった場合には、霊性
進化の道を阻む大きな障壁となります。

　真我の知識を得て、真我に向かって実践している人に
とっては心は友となり、感覚器官も友として楽しむことが
出来ます。そこから身の破滅を引き起こすことはありませ
ん。
　しかしながら、自分は身体であるという誤った思い込み
の中だけに囚われているうちは、心は敵となり、心は感覚
器官の奴隷となり、快楽と苦しみが交互に繰り返し襲って
くるような状態に陥ります。

　「主を仰ぎ見て、光を得よ」（詩篇：34-5）

　「敵を倒した者より、自分の欲望を克服した者の方が、
より勇者である。自らに勝つことこそ、最も難しい勝利だ
からだ」（アリストテレス）

bandhur ātmātmanas tasya yenātmaivātmanā jitaḥ
anātmanas tu śatrutve vartetātmaiva śatruvat 6.6

「心を克服した者にとって、心は最良の友である。しかし、心を克服していない者にとって、心は最大の敵のようにふるまう (6)」

この節も、多面的多次元的に解釈できる深い意味を持つ節になります。そのためここでの解説も一部だけになります。

第 1 巻で述べたように、人の心にはさまざまな性質があります。愛や平和を引き付ける性質が強くなれば、心は最良の友となり、欲望や怒りを引き付ける性質が強くなれば、心は敵のように振舞います。それはパーンダヴァ兄弟とカウラヴァ兄弟との攻防に象徴されています。

人は、日常どんな時にでも自己コントロールが必要です。それが真の心の統一に繋がっていきます。

心は、大きな樹木の葉のように、いつでも揺れて動いています。心も同じように、揺れ動いているのが本来の状態です。その揺れ動きは、自分の意志でコントロールできるものです。

心が最良の友となるのも、最大の敵となるのも、心の在り方次第です。

心が克服されていれば、心が創り出す自己は崇高な波動

で統一されており、最良の友となります。心が克服されていなければ、高次の自己と低次の自己が相反する動きとなり、解脱を阻止する最大の敵となります。

　心が創り出す自己とは何でしょうか？
　自己とは、同一性を保持して存在するその人間自身を指すのですが、心が考える自分自身であって、真の自分である魂とは違い、心も含んでいます。
　ここでは自己を大きな海に喩えてみましょう。
　海には、表層の海表面や浅い部分から深海の深い部分まであります。広大な海には、表層の荒れる波の層もあれば、深海のようにゆっくりと動く穏やかな、人類には未知の層もあります。
　私たちが顕在意識で認識している自己は、私たちがよく知っている海の浅い部分のようなもので、低次の自己に相当します。

　私たちは、生まれてからずっと言葉を使ったコミュニケーションを取り、日常生活を言葉とともに生きています。
　これが習慣化されているので、常に頭の中では何かを考え、思考が休むことはなかなかありません。思考には、考えることだけでなく、今まで生きてきた経験、知識、観念などあらゆる顕在意識の記憶が含まれています。それゆえ、

私たちはこの考える心を自己として認識しています。

でも顕在意識で考えている心は、海に喩えると浅瀬の部分でしかありません。天候の変化によって海表面に荒れ狂う波が発生するように、私たちの心も外部の出来事によって動揺し、荒波のように感情が乱されます。

一方で、顕在意識を超えた深い領域にも自己は存在しています。海に喩えれば、深海に相当します。静寂に包まれた穏やかな領域です。

聖書の最後に配された聖典であり、霊的解剖学の書である「ヨハネの黙示録」では、顕在意識を陸地、潜在意識を海、超意識を空として象徴的に表現しています。

私たちはその領域を想像することはできますが、霊性を進化させる上では実際に体験して認識しなければなりません。深海について、知識として理解することと、実際に行ってみて体験から理解することとは別物なのです。

深い領域の意識は、瞑想や祈りによってもたらされる状態として体験することが可能です。

また、無意識で「今」に集中している時や、何か一つのことにしっかりと集中している時にも、深い部分の自己を体験しています。

人の意識の焦点は表在意識にありながら、1時間に数回から十数回は深い意識の領域に繰り返し入っています。でも、あまりにもスムーズに移行するので、ほとんどの人が気づいていません。

　今という一瞬毎に意識を集中する体験の積み重ねによって、深い領域の創造的波動と平安を上手く表在意識へと繋げることが出来るようになります。

　自己は便宜的に、低次の自己と高次の自己に分けて考えることができます。それらはもともと二つのものではなく、一つです。海は一つだけれど、浅い海と深海に分けるのと同じことです。

　「自己を友にできる」とは、高次の自己と低次の自己が調和したときです。

　「自己が敵になる」とは、高次の自己と低次の自己が反対の動きをする時です。

　自己を友にできれば、自分に備わっている能力を創造的、建設的に活かすことが出来ます。

　自己が敵になると、自我を作り出すアハンカーラの働きによって、高次と低次を反対の動きにしてしまいます。アハンカーラは、自我を強めて、欲望や執着に固執する力を

生み出すのです。

　そしてこれが、ヨーガの道を進む上で、最も大きな障壁となって立ちはだかります。

　心が友であれば、行いは解放する方向へと向かいます。清らかで、利己的な欲望が無く、行動するたびに高いレベルの喜びを感じ、真我へと近づいていきます。心の平安と歓喜をもたらしてくれます。

　心が敵であれば、束縛する方向へと向かいます。利己的な欲望が強く、行動するたびに欲望が増えていき、快楽を求める結果として苦しみや混乱を引き起こします。心の平安からも遠ざかっていきます。

　私たちが肉体をもって生きているこの物質世界は、心の力によって創造されています。

　崇高な目的のためには、心を敵とするような利己的な考え方から自由にならなければなりません。

心の安定のための絶対条件

　バガヴァッド・ギーターには、解脱の大きな障壁となる代表的なものは「欲望」と「怒り」であり、まずはこの二つを制御することが心の安定のための絶対条件であると記されています。

欲望や怒りに代表される感情の乱れが、自己の霊的進化を阻み、心を敵にするのです。内なる敵は、外の敵よりもはるかに手強いことをギーターは教えてくれます。

　ネガティブな思考は、心身に悪影響を及ぼし、破壊的な作用に導きます。高次にとっては敵となります。
　ポジティブな思考は、心身に良い影響を及ぼし、創造的な作用に導きます。高次にとっては友となります。

　旧約聖書の創世記では、顕在意識と潜在意識の働きを、アダムとイブに喩えてわかりやすく説明しています。
　旧約聖書のアダムとイブは、二人で地上に降り立った一人の完全な人間を表しています。アダムは顕在意識の象徴であり、イブは潜在意識の象徴です。
　神はイブを新たな素材で作ることなく、アダムのハートに近い肋骨から作りました。二人が利己的な欲望無く協調してはじめて、創造的な力が強まり、神との合一という崇高な目的を達成できるのです。
　もしも利己的な欲望から敵同士となれば、そこには破壊的な結果しか得られません。

　このような二元性の世界での選択の自由は、人間だけの特権です。

　魂の進化の初期過程でこのように極性が分離され、再び融合する過程を辿ることは、ある意味、魂の学びとして最も効果的な方法だともいえます。魂が飛躍的に進化するか、果てしなく堕落するかを自分自身で選ぶことになるのです。

　　善と悪
　　光と闇
　　愛と憎悪
　　生と死
　　過去と未来

　すべてのものを分離していく作業は、知識を主体とすることから起こります。

　頭の知識は、「全体が一つとして在る」ことから、「個々に独立している」という分離する方向へと向かわせます。知識が中心の科学では、万物万象を分類、解剖、成分分析、数値化することで理解しますが、それが存在の背後にある本質を見失い、人と自然が分離する要因ともなっています。

　頭で理解すると同時に、存在そのものを心と体で理解することも大切なのです。

　知識がいつも偏見に囚われてしまうのは、それ単体では完全なものではないからです。いくら人体を解剖しても、

肉眼ではバラバラになった肉体の中に生命力や愛や知性を見つけることはできません。

　知識は低次の道具として活用され、さらに智慧と合わさり行動していくことによって、高次へ昇華するための道具として活用されます。

　知識で得られるのは、制約された世界の「事実」であり、「真実」ではありません。

　智慧には制約はありません。智慧によって得られるのは、「真実」です。

　自然界の存在はすべて調和の中に存在し、植物や動物が自由意思で調和から外れることは出来ません。

　人間だけが、すべてを選択する自由意思を持っています。それは、人間は自由意思を神の摂理に沿って使うことを学ぶことによって身魂を磨き、神と合一することを目的にして、この地上に来たからです。

　地球でのあらゆる選択には、魂を進化させる大切な意味があります。

　光も闇も、創造も破壊も、幸福も不幸も、自由意思で選択することが出来ます。

　光を選択すれば二元性から離脱して神に近づいていき、

闇を選択すれば二元性に強く留まり神からは離れていくことになります。

　心がサットヴァ優勢でない場合には、心の穢れによって正しい選択が難しくなります。

　光を選択するためには、心の穢れを祓い、清浄化していく必要があります。その最も優れた方法が、時空を超えた聖仙たちが示したヨーガという生き方に示されているのです。

　人が自由選択できる二元性の世界は神聖な意図の元で創出され、その背後には秩序だった宇宙の摂理が隠れています。

　その真意は、瞑想で超越意識に至った時に、曇りのない心で観て、はじめて理解できるようになります。

　バガヴァッド・ギーターに、人の自由意思の選択次第で「心は敵にも味方にもなる」と記されているのは、この二元性の世界で肉体を纏った私たちが、自由意思を誠実に正しく活用するためです。

　ちなみに、バガヴァッド・ギーターの中には、他にも肉体を表す興味深い表現がたくさん出てきます。

例えば「肉体は魂の乗り物である」、「肉体は、内在する存在を悟るために与えられたものだ」、そして第5章13節では「九門の町」という表現を使っています。

　これも肉体を表す言葉で、肉体には、両眼、両鼻、両耳、口、生殖器、肛門の合計九つの門があることを示しています。

　話を戻して、このような二元性の世界の中で、正しい道を選択していくために最も優れた方法の一つが、「瞑想」です。

　瞑想は、心の汚れを取り除き、心を清浄化して、内面をよく見えるようにしてくれます。これが、自分のハートの奥に鎮座する真我に近づき、宇宙の法に沿ったメッセージを受け取るための清めの行為となるのです。

神社とは霊的覚醒への道を示すためのもの

　瞑想は、自分自身の内側にいる真我（神・内在神）へ参拝する行為でもあります。

　ここで、肉体を神社に喩えてみましょう。

　インドでは、肉体を「マンディール」と呼ぶことがあります。マンディールとは神殿を意味します。神であるジーヴァが祀られているからです。

　キリスト教でも、人体は神の神殿とされています。

「あなたがたは神の神殿であり、神の御霊があなたがたに宿っておられることを知らないのか」（コリント人への第一の手紙 3：16）

神社の境内は聖域であり、外壁や塀や鳥居などで囲まれています。境内にはいくつもの建物があります。そして本堂の中には、ご本尊があります。

それらは人間の身体に喩えることができます。

神社の建築物は、肉体で言えば骨や内臓などに相当します。そこには見えない配慮で、霊的身体が配置されている神社もあります。鳥居や門は感覚器官であり、自我の境界です。ご本尊は内在神です。

この生きた神社を聖域に保つためには、絶えず身体に気を配り、良い状態に保つ必要があります。

感覚器官から悪いものを取り入れれば、それは聖域を破壊していくことを意味します。

肉体という神社を崇高なものへと変容させるには、境内も建築物も庭も、ご本尊も、そして目に見えない神々もすべて統合して神聖なものとすることが大切です。

これが、高次の自己で低次の自己を克服した者という意味になります。

そもそも神社が神を祀るのは、人の霊的覚醒を促すという目的があります。

　さらには、そのために適した神聖な場のエネルギーを保ち、地球の霊的磁場を安定させる役割も持っています。

　神社は、霊的覚醒、つまり自分が真我へと還る道を示すためのものです。

　第4巻でも述べた通り、宇宙の周期は、4つの時期に分類されます。

　人と神との繋がりが最も明確な「サティヤ・ユガ」から、「トレーター・ユガ」、「ドワパラ・ユガ」と徐々に物質的な引力が強まるエネルギー場へ、そして人が神から最も離れて物質世界に没入する「カリ・ユガ」へと移行していきます。

　今回の周期における、カリ・ユガの中で最も人が神から離れた暗黒点は、西暦499年頃になります。そして、そこから1200年を経た1699年以降に、ドワパラ・ユガの上昇期に入りました。現在2023年時点では、ドワパラ・ユガの本格期に入っています。

　各周期によって霊的太陽（ヴィシュヌナビー）との距離が異なるために、真我への最適なアプローチ法も異なります。

サティヤ・ユガでは、瞑想が最も優れています。

トレーター・ユガでは、祈りなどの儀式が優先されます。

ドワパラ・ユガでは、神を祀ることが始まります。この時代に、神社の原点が始まります。

カリ・ユガに入ると、物質的な力が最も強くなるために、人の清浄さと共に、聡明さも低下してしまいます。この時期にいる人々は、自我が強くなり、物質的なものに強く惹かれ、欲望も増え、ほとんどの人が自分の真我と至上霊である神との繋がりも失ってしまいます。

そのため、物質世界において、人々に神との繋がりを思い出させて、真我の探求を続けてもらうために、物質的に目に見える形で惟神の道を示すものが必要となりました。こうして神様の名前を唱えて参拝出来る神社が定着していきます。

現在は、カリ・ユガが完全に終了し、ドワパラ・ユガの上昇期に在ります。

そのため、神の光が入りやすい磁場が形成され始めています。

また、神社は魂が大霊から分かれて現在に至るまでの過程を、思い出させるためのものでもあります。つまり、天

地開闢(かいびゃく)の波動を体験することによって、大霊から分霊(わけみたま)となった全容を自覚するのです。

　これは、今自分の身体で起きている真我から顕在意識への流れを意識するためでもあります。このことについては第4章1節に詳述してあります。

　元々は、神社に社殿はありませんでした。神のエネルギーの表現は自然界そのものにあり、そこから神を感じることができたからです。

　霊性が高いサティヤ・ユガの時代には、自然界全体が神の表現であることを真から理解していました。自然界を学ぶことが、すなわち宇宙の法を学ぶことだったのです。

　時代を経るにしたがって、自然界の中で特にエネルギーの集まるポイント、大きな樹木や巨岩、また山全体が、御神体または神の依り代として崇められるようになっていきました。

　御神体を磐座(いわくら)として、その周囲の聖なる空間を大切にして磐境(いわさか)と呼びました。

　神のエネルギーが集中して下りてくる地点を神籬(ひもろぎ)と呼びます。神籬や磐境を包む聖なる場一帯を神奈備(かむなび・かんなび・かみなび)と称します。

　山へ行って体験できることは、自分の真我に到達する道の一つでした。でも、誰もが厳しい環境の山中に入り、覚醒できるわけではありません。

　そこで、誰もが自分の中の内在神を自覚するために、疑似体験による修練の場、つまり内在の世界を外界の世界へ投影したものとして里に構築されていったものが神社です。神社の正式な参拝とは、神社と自分の身体（神体）を同調させることを念頭に置いて行うものなのです。

　惟神の道である神道は実践そのものであり、釈迦大師の教えである仏教の教典も、読むだけのものではなく、実践するためのものです。

　知識と体験は常に一体であることが肝心です。

鳥居

　鳥居は、御神域を示す結界の象徴です。別名、上葺かずの宮とも呼ばれている通り、それ自体もお宮の象徴になっています。憑り居として神の依り付くところという意味も重ねられています。

　鳥居は、「ここから先は神様に参拝する意思のある者だけが通りなさい」という印でもあります。無差別に人が入り込むのを防ぐためです。

　昔、寺院の入り口は「玄関」とも呼ばれていました。そ

れには玄人だけが入ることを許される関門という意味があり、悟りを真摯に求める人だけが門をくぐりなさいという意味が込められていたのです。神社の鳥居にも、おなじような意味が込められています。

　人体で言えば、神社の敷地内が肉体の内側に相当し、鳥居は身体を出入りする九つの門に相当します。神社の鳥居が、神に参拝する清らかな人だけを通すように、私たちの門から取り入れるものも清らかなものだけにすべきです（例えば、口入れるもの、見るもの、聞くものなど）。

　さらに鳥居は、人体全体そのものの象徴でもあり、真我の象徴にもなっています。
　例えば、鳥居の梁の構造は、高天が原に最初に成り出た神三柱（造化三神）の象徴でもあり、上の笠木が天之御中主、向かって右側の柱が高御産巣日、左側の柱が神産巣日神を表しています。つまり、人魂が地上に下りてきたことの象徴でもあるのです。そのため、鳥居をくぐる時には、地上に下りてきて、再び神へと向かう意志を強める働きがあります。また、横の柱は、地面が肉体、次が微細体、一番上の笠木が原因体の象徴にもなっています。

　漢字の「鳥」が当てはめられている由来は、古事記の中

に見ることができます。

　天岩戸開きの場面で、智恵の神、思金神《おもいかね》が「常世《とこよ》の長鳴鳥《ながなきどり》」たちを集めてきて鳴かせた話が収録されています。

　この鳥は、永遠の国に時を刻み、天岩戸にお隠れになった天照大御神を呼び起こす役割があります。これは自分の真我を呼び起こす意識の象徴です。鳥居をくぐる行為は、真我を探求する最初の一歩を歩み始めることを意味します。神社によっては、一の鳥居で肉体に入り、二の鳥居で微細体に入り、三の鳥居で原因体に入るという人体の三層構造も表しています。

　鳥居は神社の顔であり、最も美しい場所に配置されているのも、人が外見をきれいにするのと同じことです。外見をしっかりと整えておくことは、内面の調えに影響します。

　また鳥居の形は、人の外見がその人となりを象徴するのと同じように、人の二元性とその合一を表現した構造になっています。

　鳥居を支える二本の柱は、神の愛と叡智、神の意思、さらに、陰と陽であり、力・エネルギーと愛、男性と女性、マインドとハート……。そして、上方で二本の柱を架け橋で繋いで、完全な均衡をとっています。

　これは二本足でまっすぐに立つ人の形でもあり、ハート

のチャクラの部分に神額が置かれているのも、心臓部分に真我が鎮座することの象徴になります。さらに、人の形であると同時に天の形でもあります。鳥居と同様の構造は、世界各地の寺院にも見られます。

鳥居をくぐる時は、鳥居の先に広がる御神域を見渡し、敬意をこめて一礼して、御神氣を受けながら身魂を鎮めて入ります。

これは、瞑想の始めに自分の内面に入る時に、自分自身の中にある神聖なエネルギーを感じて、内側の世界に入っていくことの象徴になります。

参道

鳥居をくぐると、参道があります。

ここからは瞑想に入ってゆっくりと意識を深めていくことの象徴になるので、参道では、神社の奥の神域へと向かう気持ちを持って、静かに歩くことを心がけます。同行者と話しながら歩く場所ではありません。

御神意を求め、御神氣を感じることを意識して、沈黙を保ち、ゆっくりと歩きます。この道のりは、瞑想が深くなっていくに従い、内在心を求め、真我を感じていくことの象徴です。長い参道を歩くということは、とても有意義なものなのです。

　このように参道は、瞑想を深めていくときと同様に、心の静寂を深めていく道の象徴となります。この道（みち）が、霊智であり、その真意を理解し、清らかな心を持って一歩一歩を進めるごとに、心を静寂の中に鎮めていく道になります。

　参道には、玉砂利が敷き詰められていることがあります。参道の周囲に広がる神域には、風の音、樹木の葉がこすれる音、虫の声、鳥のさえずり、水の流れる音など、神のエネルギーの表われである自然界の奏でる旋律があります。

　その旋律に、自分の歩む足音を重ねて、音祓いをしていくのです。玉砂利を歩くときの音を自分で聞きながら歩いていくと、心が穏やかであるか、乱れているかがよくわかります。

　自然界の声（地の声）と人の足音（人の声）を重ねていくその先に、物質世界を超えた天の声が聴こえるように心がけていきます。このような音祓いも、禊（耳注ぎ）の一つです。

　また、これは瞑想の始めから深い意識へとはいっていくことの象徴であるのと同様に、参道を歩きながら心を清めていくヤーマとニヤーマの実践の象徴でもあります。

　参道を歩くときは、参道の中心をやや避けて歩きます。

これは、常に謙虚さを忘れない心を保つためです。霊性進化の道を進んでいくにつれて、謙虚さはとても重要な要素となっていきます。

　そして、もう一つの重要な理由として、瞑想中の観想において、霊的脊髄の左右に並行して走る左右の脈管（イダー（月）とピンガラー（太陽））のエネルギーの流れを、象徴的に体験するためです。参道の中央部分を霊的脊髄スシュムナーとした場合、中心からやや左右に位置する生命エネルギーの経路がイダーとピンガラーに相当します。

　参道は産道でもあります。参道を通ってお宮に参るということは、産道を通って子宮に入ることを意味し、拝観によって新たに生まれ変わる、心を入れ替えて生きるという意味があります。これは真我を見出し、本当の意味で新しく生まれ変わることの象徴です。

禊の場である手水舎

　手水舎では、手と口を清めます。手と口を清める行為は、身口意を清めることになります。ヤーマ、ニヤーマの実践を促し、確認するものでもあります。

　まずは、手の水注ぎ（禊）から行います。両手には多くの意味が多重に重ねられていますが、簡単に言うと、左手のヒは霊、右手のミは身の象徴と覚えるとよいでしょう。

　左手に水を注ぐ行為は、最初は霊体の古いエネルギーを洗い流す行為、右手に水を注ぐ行為は身についた古いエネルギーを洗い流す（身削ぎ）行為、そして最後にもう一度左手を清めるのは、霊に新しいエネルギーを注ぐ（霊注ぎ）ことの象徴になります。

　口をすすぐのは、口から出る言葉を清らかにして、さらに口を五感の代表として身に入るものを清める象徴になります。ヤーマ、ニヤーマの実践の象徴です。瞑想を深めていく上で、日常のヤーマとニヤーマは必須の事項になります。手水舎は、瞑想と日常生活を繋ぎ、日常の所作を瞑想的生活へと変えていくためのきっかけとなるものです。

　この禊は、真我到達への意志を強く自覚させるものでもあります。

神門

　参道を通ると、神門が現れます。瑞垣で囲まれた神域になります。これは肉体的な解剖では、心臓の中心部、エネルギー的に真我が宿る場所の象徴です。

　狛犬が両脇に二体あります。狐や牛などのさまざまな動物の場合もあります。狐は稲荷神社で、牛は天満宮で見られます。これらの動物たちは、お祀りされている神様の神使とされています。これらの狛犬たちにも真我に向かう準備が整ったかを問う多くの関門としての意味が込められ

ています。

　そのうちの一つが、生きとし生けるものへの慈愛が完全なものかを問う関門です。地球上に住むすべての生き物への敬愛の念が無ければ、真我に向かい、心臓の中心部にある真我領域に到達する前の障壁となります。それを狛犬が見張っているのです。

　すべての人は、さまざまな所で自分の誤知によって枠を作っています。瞑想でここまで到達した時点で、自分が肉体ではないこと理解して自分の枠を外し、すべての生き物によって支えられ生かされていることを理解して生物という狭い枠も外し、光や風や空気などあらゆるものに支えられていることを理解して万物万象の枠をも外します。

参拝

　御賽銭箱の前に鈴（本坪鈴）がある場合には、鈴による音祓いを行います。

　鈴に繋がっている太い下げ紐（鈴緒）を振ることは、斎主が大幣を使って人を祓い清める修祓の儀式と同様の意味が込められ、その簡略形になります。両手でしっかりと鈴緒を握り、心を込めて振りましょう。

　鈴の音は、瞑想が深くなった時にエネルギー体の各中心点から聴こえる霊音の象徴となっています。心を清めて、真我へ到達する意思表示でもあります。

二拝二拍手一拝

　参拝の作法については、昔は各神社で作法が異なっていました。

　明治時代に制定された神社祭式行事作法により、日本全国の多くの神社で作法を統一しようという動きが始まりました。そして、昭和23年に神社祭式行事作法が改訂され、「二拝二拍手一拝」が一般的な作法となりました。つまりこの形式は、比較的新しいものなのです。

　出雲大社や宇佐神宮などでは四拍手するように、いまだに古くからの伝統的な固有の作法を守る神社もありますが、いずれの作法も神様に対する敬意や賛美や感謝の気持ちがこめられたものです。

　また、二拝は縦の動作、二拍手は横の動作であり、ここにも意図があります。

　二拝は、大霊と自分自身の真我に対して敬意と感謝の意を表し、陰の世界と陽の世界への感謝を表し、父なる天と母なる大地の恵みに対する感謝を表しています。すべての二元性への敬意を示す行為になります。

　拍手の準備として、ゆっくりと優しく心臓の前に両手を合わせます。その時に、右手をやや手前にするのですが、これは霊主体従の心を示しています。

左手のヒは、火であり、霊であり、神の象徴。右手のミは、水であり、身であり、自分の真我の象徴です。

　両手を合わせる合掌は、カミ（神）合わせの儀式になります。拍手は心臓のリズムに合わせて二回、天と地に響かせる気持ちで行います。この時、心臓の位置に霊的構造を思い浮かべて、内在神である真我が鎮座していることも意識してください。

　合掌は、ヨーガではアンジャリ・ムドラと称します。神と自分の真我との統合を呼び覚ますためのムドラです。

　このムドラには、呼吸を調え、意識とエネルギーをハートに向けて、意識を内側に深く向ける助けをして、神と自分の真我を合一する気持ちを高めていく作用があります。

　神社の参拝では、鳥居からここに至るまでの間は、神と参拝者という分離感があり、神に参拝するという意識を持っています。

　この神に参拝するという分離意識から、合掌、すなわちアンジャリ・ムドラによって、神と真我との統合意識を明確に目覚めさせていくことになります。

　合掌に似たムドラには、カポタ・ムドラやチッタ・ムドラなどがあります。

　カポタ・ムドラは、非暴力を高めて、内なる平安を強めます。チッタ・ムドラは、集中力を高めて、物事をみる目を養い、分離感の中での固定観念から自由になっていきます。

　これらの作法は基本形であり、盲目的に従わなければならない規則ではありません。この宇宙において、人が作った規則に絶対的なものはないからです。

　ただ、空手の型のように、まずは基本形に込められた心構えを習得していくことが重要です。そうすることで、天の意を感じるままに応用していく素地が作られていきます。本質をしっかりと理解した基本形無しでは、応用は出来ないのです。

　千利休は、茶道の訓を『利休道歌』にまとめ、その中に「規矩作法　守り尽くして破るとも　離れるとても本を忘るな」と記しました。

　これは「守・破・離」として、現代までさまざまな分野で応用されています。

　修業では、最初は師から基本形の型を学び、それを徹底して「守」ります。

　その型を十分に修練して自分のものとして身につけた段

階になると、その基本形の型を徹底して洞察・実践することによって、自分に合ったより良いと思われる型へと進化させていくことができます。既存の基本形である型を「破」ることができるようになるのです。

　さらに鍛錬を重ねて応用していくことによって、既存の型に心が囚われることがなくなります。これが「離」れるということになります。

　神社の参拝の形式も、時代と共に少しずつ変化していくかもしれませんが、その本質である見えない所作と心構えは、時代に影響されることはありません。

　普遍意識に到達しないうちは、「守」を忠実に行うことが勧められます。

　ちなみに、皇居の宮中三殿のうちで天照大御神が祀られている賢所（かしこどころ）では、一拝だけになります。これは二元性を超越している場が創られているからです。

　正式参拝では、昇殿して、玉串（霊串・魂串）と呼ぶ榊を献上する玉串奉奠（たまぐしほうてん）と呼ばれる御神事を行います。

　榊は御神木の枝の象徴、つまり神から分かれた魂の象徴であり、人の心の象徴でもあります。それを榊に載せて、さらに御神氣を入れたものによって玉串が完成します。

この儀式は、真我を見る行為の象徴であり、また大霊である神と分魂である内在神との合一を象徴する御神事となります。

神社には、いたるところに紙垂があります。紙を雷の形に折ったものです。

これにも多くの意味が多重に込められていますが、知っておくべきなのは、瞑想中に見えない世界から下りてくる気づき、すなわち神・真我からのメッセージの象徴であるということです。

また、個人の運勢や吉凶を占うために用いられる「おみくじ」は、本来、物事を始めるにあたり、まず御神慮を仰いで、神の法に基づいて事を遂行しようとすることが起源となっています。

それは、日常生活において、いつも自分のハートに内在する真我にお伺いを立てて、神理に沿った行動を心がけることの象徴になります。

先に、神社は肉体構造と同時に霊的構造をも示している神社もあると述べました。

例えば、伊勢神宮には外宮と内宮があります。これにはさまざまな意味があるのですが、その一つが神社全体を心

神とみなした構造です（心と真我：心神の構造の詳細は第5巻をご参照ください）。

　外宮は、心の構成要素のうち頭部に中心があるマナスとブッディの象徴であり、内宮は、心の構成要素のうちハートに中心があるアハンカーラとチッタを象徴しています。

　そのため内宮のチッタの象徴である正宮<ruby>正宮<rt>しょうぐう</rt></ruby>では、世界や国の平和といった願いを伝えるのが良いとされ、個人的な願い事はアハンカーラの象徴である荒祭宮<ruby>荒祭宮<rt>あらまつりのみや</rt></ruby>で行うことが望ましいとされています。

　これは真我を包むチッタとアハンカーラの特徴をよく再現しており、これを知るだけでも、参拝の心構えがより神聖なものへと変わります。

　このように神社は、人間が内在する真我へ到達する瞑想体験のシミュレーションの役割を果たしています。

　神社へ参拝に行くときに、ぜひ覚えておいていただきたいことは次の三つです。

1. 一本の蠟燭の火を何本もの蠟燭に分け与えるように、創造主である大神様のエネルギーを分け与えられたのが私たちの魂であるという自覚を明確に持つこと。
2. 瞑想で真我と合一するまでのプロセスを感じる瞑想体

Manahi Club

変容のスイッチをオンにする!

まなひくらぶ

書籍と動画のサブスクリプションサービス

きれい・ねっと

┤ 特典 ├

01
2カ月に一度、
きれい・ねっとが
セレクトした新刊書籍を
どこよりも
早くお届けします。

精神世界で活躍する
豪華著者陣による
オリジナル講演・講座や
インタビュー動画、
コラム記事を
続々と配信します。

03
まなひくらぶ限定の
リアル&
オンラインイベントを
随時開催し
交流をはかります。

02

その他、さまざまな特典が受けられます。

ごあいさつ

「まなひくらぶ」とは、出版社きれい・ねっとがプロデュースする、愛と真理に満ちた「言葉」でつながり、新しい時代を幸せに生きるためのコミュニティです。自らの人生の「変容」のスイッチをオンにして、「みんなで幸せに生きたい」「スピリチュアルな学びを深めたい」そんな想いをお持ちのあなたと、ぜひ楽しくご一緒できましたら幸いです！

Naoko Yamauc

きれい・ねっと代表　山内尚子

私たちもまなひくらぶのメンバーです

獣医師
森井啓二

破壊と創造の時代、明るい未来を先駆けて美しく生きる人たちと繋がっていきましょう。

画家・作家/雅楽歌人
はせくらみゆき

「まことなるなごやかなるはひかりあれ」まなひくらぶでミタマを磨いて、共に喜びの中で歩んでいきましょう。

錬堂塾主宰・長老
杉本錬堂

世界が少しでも良くなるように、皆で手を携えて、真摯に学び、大切に丁寧に生きていきましょう。

「まなひくらぶ」の詳細・お申込みはこちらから

「まなひくらぶ」で検索
または右記のコードをスキャン
https://community.camp-fire.jp/projects/view/550491

まなひくらぶ　🔍 検索

　験として、神社を自分の身体、御神体に依り付く神を
　自分の真我として参拝すること。
3. そのために、まずしっかりと瞑想をして、自分の真我
　を探求すること。
4. 瞑想と真我達成への意志を日常のすべての所作に広
　げ、瞑想的生活として応用していくこと。

　カリ・ユガの時代には、ただ神社の神々に参拝するだけ
の状態でしたが、ドワパラ・ユガの上昇期の今は、自分の
真我を確立するための参拝へと進化してきています。
　瞑想もせずに、現世の物質的利益ばかりを願うような参
拝は、意味がありません。
　日々瞑想を行い、惟神の道を歩む上での真我探求のため
の修練場として、神社を活用していただきたいと思います。

　「人々は時空間に囚われたものを崇拝するが、それはブ
ラフマンではない」（ケーノ・ウパニシャッド）

　「神の国は、実にあなたがたのただ中にあるのだ」（ルカ
による福音書17：21）

　「神は、どこか遠く離れた近づき難いところにおられる
のではありません。あなた方一人ひとりの中に在り、同時

にあなた方は神の中に在るのです」（シルバーバーチ）

儀式やご神事に込められた深い意味

バガヴァッド・ギーターの中にある本質を理解すると、日本の伝統の儀式やご神事のすべての所作に、深い意味が込められていることが理解できるようになります。

それによって、今まで真意を理解することなく形骸化してしまっていた所作が、有意義な所作へと変わります。するとそれを、日常生活のすべての所作にも応用していくことが出来るのです。

これはお祭りも同様です。

お祭りも、その物質的な面を見る前に、神様や見えない世界の存在たちとの交流を意識すべきです。

例えばお花見も、その本質は御神事に由来しています。

日本には、四月になると「山遊び」といって、農作業が忙しくなる前に山へ御馳走を持って遊びに行く風習がありました。この日は働いてはいけないハレの日とされていたのです。

この風習は、高い山に住む神様と共に食事を楽しみ、その年の収穫を見守ってもらうための大切な神々との遊びです。遊びとは、御神事そのものなのです。

「さ・くら」は、山の神「さ」が下りてくる依り代「くら」

であるために、この名前がついています。また、これが現代のお花見や学校遠足の起源となっています。

解脱直前に起こる心の働き

ギーターのこの節では、もう一つの重要な解釈も説かれています。

それは、解脱直前に起こる心の働きについての解説です。

自我を制御し、心が統一に向かうにつれて、心の要素であるマナス、ブッディ、そしてアハンカーラ、チッタは、各々サットヴァ完全優位の状態となり、活動が鎮まっていきます。

心は安定化して、清らかに澄み渡り、心の働きは止まります。最も活動的だったマナスの働きが止まり、それに伴いブッディの働きも止まり、最後まで自我を維持してきたアハンカーラの働きもたった一つの機能を残して、停止します。チッタの働きも、真我を認識するだけの機能を残して停止します。

この時、真我をチッタに映し出し、認識するために、アハンカーラの最後に残った働きが必要になります。

心が不安定だった時には、自我を強力に形成し、解脱の最大の障壁を築いていたアハンカーラが、解脱寸前には最

良の友へと変容するのです。

　この時、真我とチッタを識別する識別智が生まれます。ここでまず真我は、チッタに映し出された姿として識別されます。

　それは、太陽を見るのに、まだ完全に鎮まった湖面に写る太陽を眺めている状態です。

　この先で、心が止滅します。

　「ヨーガとは、心（チッタ）の働きを止滅することである」（ヨーガ・スートラ第一章2）

　「その時、見る者は本来の姿に留まる」（ヨーガ・スートラ第一章3）

　この短い文章が、究極の真我の姿を識別した状態を示しています。本来の姿とは、最後に残ったチッタの極微の汚れからも離れて、完全純粋な本来の姿に留まるようになった境地を意味しています。

　それは、静謐な湖面に映ったように認識された真我から、真我そのものを識別する智慧のみとなる境地です。

　この節は、崇高な人生の目的のために、心を統御する必

要性と重要性を改めて説いています。

　神を見ない心は、真我を完全に覆い隠し、肉体に幽閉する強力な力を発揮しますが、神のみを見ている心は、肉体を持って霊性に芽生えた瞬間から真我に到達するまでの間、最も信頼のおける完全なるガイドとなります。

　「心に支配されるのではなく、心を支配しなさい」（源信（天台宗恵心流の祖）

　「自らに勝つ者は強し」（老子／上篇）

jitātmanaḥ praśāntasya paramātmā samāhitaḥ
śītoṣṇasukhaduḥkheṣu tathā mānāpamānayoḥ 6.7

「自己を克服して静寂を得た人の最高我（パラマートマー）は、寒さにも暑さにも、苦にも楽にも、名誉や不名誉にも、動じることなく安定している。(7)」

　クリシュナは、すでに示した地上での幻想（マーヤ）の世界と実在の世界を明確に識別して、心が三つのグナから超越した状態に至った時の、また自己を克服して静寂を得

た人の真我が最も高い神意識にある時の内側からの視点を
説いています。

　外界の諸条件の象徴としての寒さと暑さ、外界から影響
を受ける感情の象徴としての苦楽、心の中で構築される感
情の象徴としての名誉と不名誉。
　顕在意識を中心に生きている通常の人は、これらさまざ
まな条件下において、両極の対立する感情の間を揺れ動い
てしまいます。

　一方で、物質世界に身を置きながらもグナを超越した最
高我の境地に至った人は、何事にも動揺することなく、安
定した状態が築かれていることを示しています。
　これはすでに第2章56節でも説かれていますが、ここ
ではより具体的に諸条件が挙げられています。ここに示さ
れた諸条件は、日々の瞑想とそれに続く実践によって少し
ずつ、確実に克服していく課題でもあります。

　「苦難に動揺せず、幸福を求めず、愛着と恐怖と怒りを
離れた者は、不動の知恵を確立した聖者と呼ばれる」（バ
ガヴァッド・ギーター第2章56）

　日本人は、このような両極について、対立ではなくお互

いの長所を見て融合することが得意な民族です。

　日本には、侘び・寂びの精神があります。これは日本の美意識の特徴の一つで、一見劣っているかのように見えるものにも、素晴らしい長所を見出す精神です。それは、華やかなものと比較しても劣ることがありません。

　例えば、「雅」とは優雅で上品なことを指し、「鄙」とは質素で素朴なことを指します。日本の文化はこの「雅」と「鄙」を分け隔てることなく、双方を重んじて、上手く融合した文化を築き上げてきました。

　このような価値観は、外界の諸条件からの心の影響を緩和して、心の静寂に繋がり、最高我（パラマートマー）への道に導かれるものです。

「最高我（パラマートマー）」

　私たちの実体はアートマ（真我）であり、パラマートマーの一つの精髄ともいえます。海に喩えると、パラマートマーが海で、アートマが波という表現もありますが、存在という観点からみると、アートマ（真我）とパラマートマー（最高我）は、最も高い意識状態の二つの相とも言えます。

　タイッティリーヤ・ウパニシャッドでは、「ブラフマンの智者は、パラマートマーを得る」と定義しています。ブラフマンの智者とは、ブラフマンに到達し、ブラフマンを知る者です。

「唯一のパラマートマーは、プレーマ（愛）という結晶として、すべての人の中にあります」（サティヤ・サイ・ババ）

「寒さと暑さ、飢えと渇きと、風と太陽の熱と、虻と蛇と……、これらすべてのものに打ち勝って、サイの角のようにただ独り歩みなさい」（釈迦大師／スッタニパータ）

サイの角とは、独り歩む修行者の心境を意味します。サイの角が一本しかないように、周囲の毀誉褒貶（きよほうへん）に惑わされることなく、自分の確信に基づいて生きることを意味しています。

「ただ禅那（ぜんな）と正思惟（しょうしい）のみ」（空海／般若心経秘鍵）

超越意識へと達する手段は、坐行による瞑想とそこから出てくる正しい智慧だけである。

jñānavijñānatṛptātmā kūṭastho vijitendriyaḥ
yukta ity ucyate yogī samaloṣṭāśmakāñcanaḥ 6.8

「知識と智慧（自己実現）に満足して揺ぎなく、感覚を支配したヨーガ行者は、確立した者と言われる。彼にとっては、土塊も石も黄金も同等である。(8)」

「知識と智慧に満足して揺ぎなく」

「知識」とは、真理についての明確な把握を意味しています。

「智慧」とは、実際の経験を通して「実在」を知った段階を意味しています。

永遠なる真理を明確に理解することよって、純粋知性と純粋理性が満たされた状態となります。これにより、心の静寂が確立され、五感が支配下に置かれることになるために、心が揺さぶられることがなくなります。

この心の安定と五感の支配については、ギーターでは何度も繰り返し語られていますが、それだけ霊性進化の道を歩む者にとって重要であるということです。

「土塊も石も黄金も同等である」とは、このような境地では、もはや物質的な価値に重きを置いていないという悟りを得た者の心の状態、物質世界での物事の観方を示しています。

ネオプラトニズム創始者であるギリシャの哲学者プロティノスは、物質界から万物の創造の根源である「一なるもの」までを一つの波動の流れとして解説していますが、この物質世界を「波動の末端のとても粗雑な存在」と表現しています。

このような表現は、深い瞑想による光明体験によって、精妙なエネルギー世界を体験した者ならではの表現方法といえます。

　私たちの世界は、まずとても精妙な高次のエネルギーが源であり、その精妙なエネルギーが徐々に波動を下げていくと仮想粒子となり、それがさらに素粒子へと表現され、素粒子が集まり原子となり、徐々に粗大な物質へと移行する流れがあります。

　大局的な波動の視点から観ると、土塊も石も黄金も、それ自体は最も波動を下げた物質的な儚いものであり、永遠の実在である精妙で高い波動からすれば、物質世界の万物はどれも同等であると言えます。

　この高い波動の境地で物質世界を観た場合、欲望や感情の乱れとは無縁になるのは当然のことです。

「公なれば、すなわち王なり」（老子／上篇）
　すべてのものを公平にみる偏りのない心は、王である証である。

「聖典は、土、金属の装飾品、火の粉の喩えなどさまざまな方法で、創造を叙述する。それはブラフマンとアートマンの同一性への理解へ導くためである。実際にはそれら

に何ら違いは無い」（マーンドゥキャ・ウパニシャッド）

suhṛnmitrāryudāsīnamadhyasthadveṣyabandhuṣu
sādhuṣv api ca pāpeṣu samabuddhir viśiṣyate 6.9

「自分に好意を寄せる者、友人、敵、無関係な者、中立的な立場の者、憎むべき者、親族、善人、悪人を平等に見る者は優れている。(9)」

　この節も、第 5 節のさらに詳細かつ具体的な説明になっています。

　前節では、心を持たない物質的な存在に対して差別なく見る境地が示されました。この節では、心を有する代表的存在である人間に対して差別なく見る境地が示されています。

　万物を平等に見るステップが、経験を積むごとに（ここでは節ごとに）上がっていきます。

　「Visisyate」という言葉には、「非常に優れている」「大変進化している」という意味があります。物質を平等に扱うよりも、感情の起伏が豊かなあらゆる人間に対して完全に

平等に扱う方が難しいからです。

　「ラーマーヤナ」は、バガヴァッド・ギーターが収録されている「マハーバーラタ」と並ぶインド２大叙事詩の一つです。その「ラーマーヤナ」に登場する魔王ラーヴァナには、弟ヴィビーシャナがいました。

　ある日、ヴィビーシャナは、ラーマに帰依することを宣言し、ラーマの足元にひれ伏しました。

　それを見ていたラーマの軍隊の総大将スグリーヴァは、次のようにラーマに忠告します。「あの男は魔王ラーヴァナの弟です。悪魔が魔王である兄と仲違いしただけでしょう。あのような男を信じて助けるのは無謀ではないでしょうか」。

　ラーマは、スグリーヴァに微笑みながら言います。「おまえも自分の兄と仲違いしたではないか。私は本心から私に帰依する者は、誰であっても守るのだよ」。

　ラーマはいつでも、このように神聖で寛大な心を持っていました。それは、すべてを公平に同等に見て行動するということを、身をもって示していたのです。

　釈迦大師も、自分を殺害しようとした弟子ダイバダッタや殺人鬼となったアングリマーラにも、自分の息子である

ラーフラにも、分け隔てなく平等な心を持って接していました。

　人は誰でも、数多くの輪廻転生を繰り返し、そのたびに同時期に地上に下りてきた人たちとの関係を築いていきます。

　過去世で友人だった人が今世では息子かもしれないし、過去世で敵だった人が今世では味方かもしれません。出会ってすぐに懐かしさや親しさを感じるのは、膨大な過去世の中で、共に多くの時間を過ごしてきたからです。

　エドガー・ケイシーは、彼のリーディングの中で膨大な数の実例を示しています。

　人はさまざまな過去世において負のカルマを作っており、それを解消するための人間関係を持って生まれてくる事例がとても多くあります。

　石は石で磨かれるように、人は人で身魂磨きができるのです。

　ケイシーのリーディングの中に、幼少時に脊椎カリエスに罹り、背骨が醜く変形してしまった女性の記録があります。

　ケイシーは、彼女がこのような肉体で苦しむ理由を、「こ

の実体は、皇帝ネロが統治するローマ帝国で宮廷貴族の一員であった。その時に、闘技場でライオンと戦わされ、腹を引き裂かれて死んでいくキリスト教徒の女性を特等席から見物し、嘲笑ったカルマである」と語りました。

　彼女には、昔から自分のことをいつも助けてくれる義理の妹がいました。そこで彼女は、脊椎が曲がって、身の周りのことも満足に自分で出来ない彼女を親身に助けてくれる、義理の妹と自分との過去世の関係をケイシーに尋ねます。

　すると驚くべきことに、この義理の妹こそ、彼女が二千年前に闘技場の特等席から嘲笑した、腹を裂かれて死んでいったキリスト教徒の女性でした。

　彼女は、腹を切り裂かれ死んでいく自分を特等席に座って嘲笑う貴婦人を見て、憐れに思ったのです。「自分はキリストに結ばれて死んで神の元へ行く。でも、あの貴婦人はなんと気の毒なことか」と憐れんだのです。そして、二千年前に自分の苦しみを嘲笑した人の魂を救いたいと願い、彼女の近くに生まれることにしたのでした。

　この義理の姉妹がその後どうなったかは、光田秀氏との共著『神理の扉 聖なる変容と霊性進化の道』（きれい・ねっと刊）に収録してあります。

　人は、現世だけの関係で、人との関係性を判断してはいけないということが、膨大なケイシーリーディングからよくわかります。

　人と人との真の関係性は、現在の立場を遥かに超えたところにあり、もっと親密に、もっと複雑に、完璧な秩序をもって繋がり合っているのです。

　一般的には、どのような人も平等に扱う根底には、慈しみと無償の愛があります。ただし、「愛」という言葉には多くの段階、多くの様相があり、誤解しやすいものです。

　古代ギリシャにおいては、さまざまな愛の段階にそれぞれ名前をつけています。

　フィラウティア：自分自身への愛

　ストルゲー：家族や昔からの友人への信頼や安心感を伴う愛

　ルダス：好意的な軽い愛

　エロス：性的・情熱的な愛

　マニア：偏執的な歪んだ愛

　フィリア：友情や信愛関係が強調された愛

　プラグマ：時間をかけて成熟した永続的な愛

　アガペー：無償の愛

私たちの言う「愛」は、まだまだ未熟な愛で、永遠無限の純粋な愛とは言えません。

　愛は、その純粋性が増せば増すほど、神聖なエネルギーが増加します。本物の愛は、現在の地上の既成概念的な愛からは想像できないほどの、感動と至福を備えたものなのです。

　「愛とは、すべての存在に向けられるもの」（北米先住民チェロキー族）

心のさまざまな性質

　荘子は「斉物論」の中で、「天地は一指なり、万物は一馬なり」と述べています。

　人の指は形に微妙な違いはあっても、同じ働きを持っています。馬は、個体に差があっても同じように走り、同じような習性を有しています。自我から離れて万物を公正で大局的な視点から観ると、そこに差別はありません。

　心の構成要素であるアハンカーラの働きが強まると、自分の指と他人の指を区別し、優劣をつけてしまいます。そうすると、自分の指を大切にする一方で、自分の指ではないものを傷つけるような行為に及んでしまいます。

　自分を嫌う者や傷つける者を、好意を寄せる者と同等に扱うということは、心が極めて清浄になっていることを示

しています。

　「自分に好意を寄せる者、友人、敵、無関係な者、中立的な立場の者、憎むべき者、親族、善人、悪人……」

　前節までで、心は最大の敵となることもあり、最大の友となることもあることが明確に示されました。心のすべての性質は本来善性であり、神に向かうための道具です。心にはさまざまな性質があり、それらを差別することなく、上手く活用する必要があります。

　この節では、心のさまざまな性質を、人間関係に当てはめて比喩的に示しています。

　第1章で示されたのと同様に、自分の心にあるさまざまな性質を、人間関係に置き換えて表現しています。

　グナの影響下にある心の性質には、心の基本的な性質、宇宙の法に沿った性質、宇宙の法に反した性質があります。

　心のさまざまな性質については、釈迦大師が詳しく語っており、いくつかの経典に記録されています。

　心の諸性質の名称については、適切な日本語が不確定であるため、ここではサンスクリット語の英語表記で記しておきます。

　自分に好意を寄せる者とは、

Mudita：すべての存在の幸福を喜ぶ働き

Karuna：慈悲の働き

Cittamuduta：心の柔軟性

などの心の性質の象徴です。

友人とは、

Samma-vaca：正しい言葉を使う働き

Samma-kammanta：正しい行いをする働き

Samma-ajiva：正しく使命を行う働き

Sati：今この瞬間を認識する状態

Pannindriya：ありのままに観る力

Tatramajjhattata：客観的でバランスの取れた状態

Kayapassaddhi：身体の落ち着いた状態

Cittapassaddhi：心の安定した状態

Kayakahuta：身体の軽快な状態

Cittalahuta：心が軽快な状態

Kayamuduta：身体に柔軟性がある状態

Cittamuduta：心に柔軟性がある状態

Kayakammannata：身体が機能的行動的で活発な状態

Cittakammannata：心が機能的行動的で活発な状態

Kayapagunnata：体が習熟した状態

Cittapagunnata：心が習熟した状態

Kayajjukata：体にやり遂げる強さがある状態

Cittujjukata：心にやり遂げる強さがある状態
などの心の性質の象徴です。

敵とは、

Moha：痴、本来の姿を知らない状態

Ahirika：不善なことを堂々と行う状態

Uddhacca：落ち着きない状態

Macchariya：物惜しみする状態

Kukkucca：後悔する状態

Thina：無気力な状態

Middha：心の働きが鈍い状態

などの心の性質の象徴です。

無関係な者とは、

Phassa：心が対象に触れる働き

Vedana：触れたものを感じる働き

Sanna：対象を分別する働き

Ekaggata：対象に集中する働き

Jivitindriya：心を生み滅し変化させる働き

Manasikara：心を対象に向かわせる働き

Vitakka：対象を認識させる働き

Vicara：対象をより明確にする働き

などの心の性質の象徴です。

中立的な立場の者とは、

Sati：今この瞬間を認識する状態

Adhimokkha：対象に心を寄せる働き

Catana：意志を生み出す働き

Viriya：心を頑張らせる働き

Piti：喜びを生じる働き

Chanda：行動を遂行するエネルギーを生み出す働き

などの心の性質の象徴です。

憎むべき者とは、

Dosa：怒りや拒絶する状態

Issa：嫉妬する状態

Vicikiccha：疑心に囚われた状態

などの心の性質の象徴です。

善人とは、

Samma-vaca：正しい言葉を使う働き

Samma-kammanta：正しい行いをする働き

Samma-ajiva：正しく使命を行う働き

Saddha：正しい判断に基づき信じる状態

Hiri：不善を恥じらう状態

Ottappa：不善をしない意志がある状態

Alobha：離欲の状態

　Adosa：怒りのない状態

などの心の性質の象徴です。

　悪人とは、

　Lobha：欲に囚われた状態

　Ditthi：我に固執する状態

　Mana：自我意識過剰な状態

などの心の性質の象徴です。

　私たちは心を最大の友とするために、これら自分の心の
さまざまな性質をよく理解して統率する必要があります。

　「敵や通りすがりの顔見知りですら、その出会いには必
ず目的がある」（エドガー・ケイシー 1404-1）

　「自分と家族との関係、友人との関係、仕事で交流する
人々との関係の中で、人は常に自分自身に出会っているの
である」（エドガー・ケイシー 1212-1）

　「亀鏡（きけい）無ければ我が面をみず、敵（かたき）なければ我非を知らず」
（日蓮／開目抄）

　日蓮ほど多くの迫害や襲撃を受け続けた僧は、歴史上ほ
とんどいません。日蓮は、何度命を狙われても、襲撃で重

傷を負わされても、相手を非難することなく、様々な相手を自分の心の中にある非の現れとして理解し、許していきました。

　「正しく霊的な成長をするためには、さまざまな要因を作り出す心を導きとしなければならない。心の性質のすべてが魂の中で絡み合っている。魂は、心を食べ物とするからだ。魂が成長し、霊的進化の道を歩んでいくには、心と体の性質に十分なバランスをとる必要がある」（エドガー・ケイシー294-6）

　「油断することなく、あなたの心を守れ。命の泉は、これから流れ出るからである」（箴言4：20-21）

　「わが子よ、あなたの心をわたしに与え、あなたの目をわたしの道に注げ」（箴言：23-26）
　本書でもよく引用される「箴言」は、古代の覚者として著名なソロモン王によって著された智慧の書です。神から与えられた智慧を書いたものとされています。

　「自分を愛するようにあなたの隣り人を愛せよ」（マタイによる福音書2：39）

「神には、偏見が一切ないからである」（ローマ人への手紙2：11）

「もはや、ユダヤ人もギリシャ人もなく、奴隷も自由人もなく、男も女もない。あなたがたは皆、キリスト・イエスにあって一つだからである」（ガラテヤ人への手紙3：28）

「わたしはあなたがたに言う。敵を愛し、迫害する者のために祈れ。天にいますあなたがたの父の子となるためである。天の父は、悪い者の上にも良い者の上にも、太陽を昇らせ、正しい者にも正しくない者にも、雨を降らして下さるからである」（マタイによる福音書5：44-45）

「自分が人にしてもらいたいと思うことは何でも、あなたがたも人にしなさい」（マタイによる福音書7：12）

「幸福とは自分以外のものを愛することである！　自分の身のもの、自分の所有するものしか愛せないなら、決して幸福は手に入らず、幸福を知ることもできない」（エドガー・ケイシー 281-30）

「いっさいのことを、愛をもって行いなさい」（コリント

人への第一の手紙 16：14)

「働きは種々あるが、すべてのものの中に働いてすべて
のことをなさる神は、同じである」（コリント人への第一
の手紙 12：6)

「目は手にむかって、「おまえはいらない」とは言えず、
また頭は足にむかって、「おまえはいらない」とも言えない」
（コリント人への第一の手紙 12：21)

瞑想は内なる霊的渇望からはじまる
　ここまでの節は、霊的進化への渇望をさらに刺激する内
容にもなっています。それは次の節から始まる瞑想の実践
へと、読む人を導くためでもあります。

　瞑想は、誰かに言われてするものではなく、現世での利
益を目的としてするものでもなく、神性を求める自分自身
の内なる霊的渇望、霊性進化を強く求めるほどの飢えを感
じた時に自発的に始めることによって、正しく楽しく長続
きするものです。

　何か一つのことに集中して愛する情熱を、サンスクリッ
ト語では「バーヴァ」といいます。

　例えば、車に夢中の子供に、車の玩具とゾウのぬいぐるみをプレゼントすれば、真っ先に車を手にして遊び、ぬいぐるみには目もくれないことでしょう。これは車に対するバーヴァです。

　一つのことに夢中になって人生を使い、全財産を費やす人もたくさんいます。これもバーヴァに裏打ちされた行動です。

　霊的進化の道を確固たる気持ちで歩み、真我を探求していく上で、バーヴァは必要不可欠なものになります。瞑想でバーヴァは重要な役割を果たすからです。

　残念なことに、多くの人々のバーヴァは神ではなく、外側の世界の事象に向けられています。でも、外側の世界の儚いものにバーヴァを向けても、いつかは去っていきます。

　もちろん、そこから得ることが多いのも確かです。しかしながら、唯一永遠無限に魂と共に残るものは神であり、それこそが人が全力でバーヴァを向けるべき唯一の対象なのです。

　神を求め、神に自らを明け渡すバーヴァは、霊的渇望が強まった時に、心の奥から自然に生まれてくるものです。

　瞑想を始めて、心の安らぎや安心感、充実感、そして普段は味わえないような変性意識を垣間見るなど、その価値

を実感した場合には、バーヴァはより強まり、人生を通して続けていきたいことの一つになるはずです。

　瞑想が長続きしない、楽しくないという人もありますが、それは霊的進化に対する飢えが少ないからかもしれません。飢えが少なければ、バーヴァも弱いからです。
　どんなに素晴らしい料理でも、お腹がいっぱいの時に提供されたら、その美味しさは十分に理解できないでしょう。逆に、お腹が限界まで空いて、飢えに苦しんでいたとしたら、その料理の美味しさや有難さを骨身に沁みるほど味わうことができるはずです。
　それと同じように、霊的渇望が強くなればなるほど、神へ向かう思い、瞑想に対する思いは強くなっていきます。

　瞑想が続けられない他の要因には、忍耐力が足りなかったり、肉体的な困難が大きかったり、タマス優勢の状態であったりすることもあるでしょう。でも霊的進化を心から強く願うのであれば、すべては克服されていきます。

　若くして聴覚障害の病気に罹った音楽家ベートーヴェンは、25歳の時に日記に次のように記しました。「勇気を出せ。たとえ肉体にどのような障害が起きようとも、私の魂はこれに打ち勝つ」。

　その後、彼は不朽の傑作と称賛される名曲を次々と世に生み出して、楽聖と呼ばれるまでになりました。霊性進化の道において、強い決意は頼もしい推進力になります。

　「老後になったらやろう」とか「時間が出来たらやろう」と思っている人も多いと思います。
　でも、一つの人生は、自分が思っているよりも短く、しかも地上にいる時間はとても貴重なものです。貴重な時間の多くを、儚いものへの欲望や執着に費やしてしまうのは、なんともったいないことでしょう。
　2021年の調査によると、高齢者の一日のテレビ視聴時間は平均5時間半にもなります。今のテレビ番組は崇高な理念などは無く、タマスへ誘導する有害なものが大半です。
　これだけの時間を毎日無駄に費やすことが、果たして地上にいる貴重な時間の使い方と言えるのでしょうか。自由意思で何でも選択できる地上にいながら、なぜ自らの自由を放棄して、奴隷のように生きるのでしょうか。

　今、日本人の平均寿命は諸外国と比べて長く、長寿国と呼ばれています。でも、医療現場や介護現場では、ただ寿命を引き延ばすという目的のためだけに、時には自由を奪い、時にはさらなる苦痛や悲しみを与えるようなことが平然と行われている状況です。日本では、寿命と健康寿命の

乖離がとても大きいのです。

　現代は、死はすべての終わりであると誤解され、死ねば
すべてが消えてしまうという妄想が当たり前のようにはび
こっています。そして、人は死を忌み嫌い、怖れるように
なってしまいました。

　死の真実を見ないことで起こる大きな弊害は、政治や経
済をはじめ、あらゆる分野において浸透しています。医療
においても、魂の尊厳よりも、ただ死なせないことが優先
されてしまった結果、真の医療からはすっかりかけ離れて
しまいました。寿命を延ばす目的が、霊的な根拠に全く基
づいていないのです。

　深い樹海の中でいくら歩いても、目を閉じた状態では抜
け出すことは困難です。でも目を開き（瞑想）、地図（聖典）
があれば、正しい道が明らかになります。ガイド（師）が
いればさらに良いでしょう。まずは目を開ける（瞑想）こ
とから始めていきましょう。

　死んでも持ち越すことのできる瞑想の効果を知り、やっ
てみたいと思い立ったら、先延ばしにしないで今すぐにで
も始めることをお勧めします。

　私たち一人ひとりの中には、想像も出来ないほどの素晴
らしい天質と力と可能性が眠っています。それは、宇宙で

一番優れた宝物となるはずです。

　崇高な思いを持って自分の内なる宝物を発見し、しっかりと育みたいのであれば、今すぐ一歩一歩進んでいくしかありません。随神の道という王道には、近道はないのです。

　「真我を知らずに、他のすべてを知ることは、知識ではなく無智でしかない」（ラマナ・マハルシ）

　「修習は、長い間、休みなく、大いなる真剣をもって励まれるならば、堅固な基礎を持つものとなる」（ヨーガ・スートラ第一章 14）

霊的な眠りからの目覚め

　人は、輪廻転生の中でさまざまな体験を繰り返し、身魂を磨いていくにつれて、神の存在を感じ、神性を求め、自分の霊性を求める気持ちが蓄積されていき、やがて心の奥から衝動という形で出てくるようになります。

　何万年も年十万年も続いた霊的に眠っている状態から、目が覚めていくのです。

　その様子は、土の中に埋められた大樹の種子のようなものです。私たちの魂は、地上という土の中に下りてきた種

子。その種子の中には、発芽して成長すると大きく枝を広げてたくさんの葉や花や実が成る立派な樹木となるエネルギーと設計図がすべて内在されています。

　小さな一粒の植物の種子には、美しい花々が咲くエネルギーと創造力が存在しています。同じように、私たちは皆、神聖な光の種子であり、霊光を放つエネルギーはすでに備わっています。

　その光の種子は、暗い土の中にいても、発芽し、成長し、神聖な霊光の花々を咲かせる能力を内に秘めているのです。

　私たちは光の種子として、成長するために自ら進んで汚く暗い土の中に入った勇者たちです。

　私たちは種子の形で、いつでも土の中に入れるわけではありません。神の光を顕現するためのエリートコースが、この地球という肥沃な土壌です。しかも、今の時期は芽を出しやすい特別な環境が整ったかつてない程の千載一遇のチャンスなのです。

　この与えられた短い時間の中で、神性を求める霊的渇望による衝動が臨界点に達した時、私たちは種子の硬い殻を突き破って霊的太陽に向かって芽を出し、成長し、開花していかなければなりません。

　今までの混迷の時期には、多くの人が土の中で光の方向を見失いました。

　そして今、光の方向が明確になり、地上にやってきた目的を思い出し、一斉に種子から光の方向に向かって芽を出し始めています。

　種子の硬い殻を破って柔らかい芽を出すのに必要なものは、強い勇気と信念。一度光に向かって土の外に芽を出すことが出来れば、光の中で成長し、美しい花を咲かせる可能性が一気に拡がります。

　もちろん、芽が出たとしても、すべての苗木が大きな巨樹にまで順調に成長できるかどうかはわかりません。しっかりと成長して、たくさんの美しい花を咲かせるためには、多くの努力が必要になります。

　植物が成長する力を内側で作り出すように、人も神を求める強く純真な心、純粋な愛、慈悲に溢れた行動など、順調な霊的成長に必須の要素が多くあります。そのような中でヨーガの実践は、健全に霊性を進化させるためのとても役立つ要素になることでしょう。

　まずは、自分のハートに積極的に神の光を取り入れる努力をしてください。私たち自身の聖なる霊光の開花は、地球の波動をさらに光り輝かせる助けとなります。私たちは、想像を超える美しい世界の創造に携わることになるので

す。

　もしも自分の中で、目に見えない領域への興味が湧いて
きたら、聖なるものへの興味が出てきたなら、それは自分
という種子が殻を破って、芽生える準備が出来た印です。
　自分の中の真我の霊光がわずかに光り始め、神性が芽生
えると、霊性を求める感覚がどんどん高まっていきます。
　その時に、瞑想への興味が始まります。瞑想は、自分自
身の中に在る高い霊的存在にアプローチする最高の方法だ
からです。

　「自分の内を詳細に調べてみれば、何かを渇望し、切望し、
必要としていることに気が付くでしょう。それは、完全な
満足感で心がすっかり奪われてしまうような愛です」（ス
リ・ダヤ・マタ）

　物質世界の尺度において何もかも順風満帆で平和と娯楽
を享受している時には、霊性進化に繋がる霊的渇望は起こ
りにくいものです。
　誰もが富を求めて一生懸命に行動しますが、物質世界
の儚い富は、さらなる強欲と無数の苦悩を伴うということ
を教えてくれる人はいません。しかしながら、物質的な富
が、永遠の幸福と一緒にいることなどありえないというこ

とは、古今東西の歴史が証明しています。

　物質的なものにしがみつく限りは、快楽と苦悩の循環に
巻き込まれてしまい、避けることのできない無数の精神的
変化を経験することになります。動揺して不安定な心は物
質界に囚われ、そこから抜け出すのは容易ではありません。
　この苦悩が臨界点に達すると、夜の暗闇が日の出によっ
て消えていくように、心の暗闇の中で霊的な光を求めるこ
とになります。

　「すべての二元性が、苦悩となる。このように常に意識
に記憶させ、心を欲望から生じる感覚的満足から退かせよ」
（マーンドゥキャ・ウパニシャッド）

　「目に望ましく映るものは何ひとつ拒まず手に入れて、
どのような快楽も余さず試みた。どのような労苦をも私の
心は楽しんだ。しかし、私は顧みた。この手の業、労苦の
結果のひとつひとつを。見よ、どれも空しく、風を追うよ
うなことであった。太陽の下に、益となるものは何もなかっ
た」（コヘレトの言葉）

　釈迦大師は、この世の苦悩を、誰にでもわかりやすく家
の火事に喩えました。それは、「法華経」の譬喩品の中に

収録されています。

　ある裕福な長者が、古い家に住んでいました。壁は崩れかけて、入り口は一つしかありません。ある日、その古い家の中で、突然火の手が上がりました。長者は慌てて火から逃れて、外に出ましたが、まだ三人の子供たちが家の中で、火事に気がつかずに玩具で遊んでいます。

　長者は、なんとかして子供たちを助けなければと、家の中で遊ぶ子供たちに「おーい、子供たちよ、火事だ！　家の外に出てきなさい。焼け死んでしまうよ！」と呼びかけました。

　ところが、子供たちはまだ幼く、長者の言うことがよくわからず、逃げることなく玩具で遊び続けています。

　長者は、なんとかして子供たちを助けなければならないと考えて、「子供たちよ、外に楽しい車がたくさんあるぞ。牛の車、羊の車、鹿の車があるから、出ておいで！」と言いました。

　子供たちは、新しい車の玩具があると聞いて、燃えている家から喜んで飛び出してきました。こうして、家は焼けてしまったものの、子供たちは三人とも無事救出することが出来ました。

　「お父さん、早く車をちょうだい」と言う子供たちに、

長者は公平に同じ白い牛の車を買って与えました。

　この話の長者とは、仏陀のことです。燃え盛る家とは、この世の煩悩や苦しみです。子供たちとは、地上にいる人々。火事がわからないまま玩具で遊ぶのは、苦しみという結果を理解しないまま目先の快楽に囚われていることを意味しています。

　仏陀が、提案した牛の車、羊の車、鹿の車は、霊性進化の道を進むためのいくつかの方法を指しています。白い牛の車とは、師の教えに導かれて悟りを開く道を意味しています。

　ほとんどの人は、内観をすることがありません。ただお腹を満たすために食事をして、仕事をして、遊んで、お酒を飲んで、寝ることの繰り返しが日常となってしまっています。

　霊的な向上心は無く、世俗的な幸せだけを求めています。たまに行く神社でも、世俗的な幸福を願うだけです。神に向かってお願いしながらも、神に根ざした永遠の至福があることすら知らないかのようです。

　私たちは地上に使命を持って生まれてきたのですから、しっかりと内観して人生の指針を明確にすべきです。

「人は自分のものであると執着した物のために悲しむことになる。所有物は、無常であるから。自分の所有と考える物は、死によって失われる。私に従う者は、賢明にこの理を知って、所有という観念に屈してはなりません」（釈迦大師／スッタニパータ）

多くの人が目覚める時代

心の中にわずかな霊的な光が灯った時に、神はその人の心の目が開くように優しく起こしてくれます。それはまるで、朝、眠っている愛する我が子が学校に遅刻しないように、優しく揺り動かして起こしてくれる母のようです。なかなか目覚めない子には、時にしっかりと揺り動かすこともあるかもしれません。

霊的な目覚めのきっかけは、小さな出来事であればいいのですが、社会的混乱や戦争、災害、経済崩壊などの災いや病気や人間関係の問題など、物質世界では不幸とみなされる苦難を通して起こる霊的渇望感も、大きな役割を果たすことになります。それは、物質世界に耽溺しすぎて、霊的に熟睡している人が多いからです。

現在、霊的太陽ヴィシュナビーに地球の軌道が近づきつつあり、この物質世界を超越したものを心の奥から求める気持ちが万人に高まっていく時期に入っています。

　この霊的太陽周期に関しては第４章で詳述しています。このような時期には、出来るだけ多くの人の目が覚めるように神も配慮してくれます。

　現在この地球では急速に学びが加速して、その情報がある程度歪んだ形で共有され、さらにそこから学べる時代に入りました。

　多くの社会的混乱やいまだかつて無かった体験を通して、現行の社会システムでは万人の幸福はありえないといった欠点を見つけ出し、戦争では平和は実現しないという事実を体験し、所有よりも分かち合いの大切さを知り、対立よりも助け合いに光を見つけ、外側の世界よりも内側の世界に幸せを求める気持ちが高まっていくといったことを、何十億人という魂が一斉に学んでいます。

　物質的な観点からみると一見悲惨な状況であっても、魂レベルから見ると、とても魅力的な場が提供されていることがわかるはずです。それをどこまで深く学び、学んだことをどこまで実践に活かしていけるかが課題となっているのです。

　心に受けた傷には霊光が射し込みやすいということは、覚えておくとよいでしょう。それは、今まで外の世界ばかりに向いていた意識が、内側を向くからです。

この世界の苦難は、地上での人生がマーヤ（幻想）であることを悟らせるためにあり、そこから学ぶことが大切なのです。

現代社会は、霊性が欠如した結果、霊的渇望が増える環境になってきています。それは、大きな戦争や混乱が身近になくても理解できることです。

何もかもが便利になったはずなのに、時間が足りなくなりました。薬がどんどん開発されるのに、病気は増加する一方です。お金は増えたのに、楽しみは減りました。持ち物も増えたのに、欠乏感が増しました。

娯楽も増えたのに、喜びは減り、鬱病が激増しました。インターネットを介した人との繋がりは増えたのに、孤独感は増すばかりです。科学技術は発達したのに、誰もが急いでいます。物質文明がこれだけ発達したのに、心はさらに不安定さを増しています。

このような生活に、何の疑問も持たない方がおかしいのです。

「この世の中を見てみなさい。王様の車のように美麗に見えます。愚者はそこに耽溺し、賢者はそこに執着しない」
（釈迦大師／ダンマパダ）

「この世の中は、暗黒に包まれています。ここで明瞭に識別できる人は少ない。捕網から逃れた野鳥のように、天に至る人は少ないのです」（釈迦大師／ダンマパダ）

「世の中の遊戯や娯楽や快楽に、満足を感じることなく、魅了されることなく、身の装飾を離れて、真実を語り、サイの角のようにただ独り歩みなさい」（釈迦大師／スタニパータ）

どのような出来事も身魂磨き

　シヴァ神は、その手に持っているトリシューラという三又槍で人々を突き刺し、霊的目覚めを惹起しています。三又槍の三つの先端部は、愛、行動、智慧の三つや創造、維持、破壊の三様など、さまざまな状態の象徴とされています。

　それと共に、人を至高の道へと向かわせる三種の苦しみ（人間のすべての苦難）をも象徴しています。それは、霊性に目覚めかけた人に対して、その人に適した苦難を与えることによって、霊的にしっかりと目覚めさせるという役割があります。

　老子は次のように述べています。
「禍は福の倚る所。福は禍の伏す所」
　禍の背後には福があり、福には禍が潜んでいるという意

味です。物質世界だけの狭い視野で見ていると気づかない
ことですが、禍は自らの心が真我と共に選んだ身魂磨きの
エリートコースなのです。

　中国の「史記 南越伝」では、「因禍為福（禍によりて福
となす）」という一文がありますが、同じような記述は世
界各地の物語にも見られます。

　この仕組みをわかりやすく説いた有名な逸話に「塞翁が
馬」があります。
　昔、中国の北部にある塞上（国境の砦）に暮らしていた
一老翁が飼っていた馬が逃げてしまいました。
　老人にとって馬は愛する相棒であり、唯一の大きな財産
でした。でもその逃げた馬は、しばらく経ってからもう一
頭の美しい馬を連れて老人の元に戻ってきました。

　その後に、老人の息子がその馬から落ちてしまい、脚の
骨を折る大怪我を負いました。
　その後まもなく異民族たちが塞上に襲撃してきました。
塞上近くに住む若者はすべて戦いに参加し、何とか塞上を
守ることができました。でも、戦争に参加した多くの若者
は死んでしまいました。老人の息子は、骨折していたため
戦争に参加することができずに命が助かったのでした。

　私たちの思考は、どうしても物質的な尺度から抜け出せないままでいます。でも、「もっと大きく全宇宙的視野を意識すると、どんな出来事も身魂磨きの嬉しいことばかり」という思いでいることが、心の安定した制御には必須のことになります。

　もしも、私たちが地上に下りずに、地上での体験をしないのであれば、魂は自己神性を知ることも無く、内在する力を発揮する機会も無く、霊性進化の道の途中で停滞してしまうはずです。

　植物の種子を、暗く湿った土の中に入れれば発芽しますが、きれいな明るく乾燥したところに展示していると、種子はやがて発芽能力を失っていってしまいます。

　地上で肉体を持ち、さまざまな体験を出来ることがどんなに有難いことか、意識が超越意識に到達した時にようやく理解出来るのです。

　アルジュナの母クンティーは、霊的渇望が募る気持ちが高まり、「神様、私は喜びや平穏順調な生活はいりません。苦しみ、悲しみをお与えください」と祈りました。

　日本でも、苦難は霊的覚醒に導いてくれる有難いものとする考え方があります。

伊邪那岐神（いざなぎのみこと）が黄泉の国から帰り、禊を行った時に十二柱の神々が生まれました。そしてその後に、八十禍津日神（やそまがつひのかみ）と大禍津日神（おおまがつひのかみ）の二柱の神が生まれます。この二柱の禍津日神たちは、人々に災難を与えてくれます。

次いで、その禍事を直すために、神直日神（かむなおひのかみ）と大直日神（おおなおひのかみ）、伊豆能売（いずのめ）の三柱の神々が生まれます。

人々は禍津日神たちによって、神の摂理から外れたらどうなるのかを学び、その後に幸いの神たちによって、神の摂理に沿った生き方へと誘われることになるのです。だから「禍事」は人々を神の摂理に近づけてくれる有難い神さまとして、敬われてきました。

インドでは、ヤマ（Yama）という人間の死を司る死者の主がいます。ヤマは太陽神の息子であり、日本語では閻魔（えんま）と書きます。

ヤマは、死者の進む道を示す神であり、生前には死を示すことで、地上に生きている間の正しい生き方を導くとされています。

地上の大多数の人々の霊性が弱まり、心が穢れて邪悪がはびこると、ヤマは長期間に渡る瞑想状態に入ってしまいます。すると、その間に地上の人口は急激に増え続けて、人々の悪しき行動はエスカレートしていき、さらなる問題を引き起こすことになります。

　多くの問題によって、地上には禍が頻発することになります。その禍によって再び人々は、霊性の大切さを再び認識するようになります。そうなった時に、宇宙の繁栄と維持を司るヴィシュヌ神が、霊性進化の正しい道を再び示すために地上への働きかけを強めることになるのです。

　霊性進化の途上にある私たちは、何か禍が起きないと感謝の気持ちが薄れてしまいます。

　脚をケガすることで、健康な脚で歩けるという当たり前の有難さが身に染みて理解できます。食事が食べられない状態になってはじめて、お米の有難さがよくわかります。

　当たり前に思ってしまっていることが、本当はどんなに有難いことなのか、禍津日神たちが教えてくれるのです。

　「苦難と試練の下から、常に新しい希望が生まれ出てくる。その希望をしっかりとつかみなさい」（エドガー・ケイシー 2448-2）

　「霊的な目覚めを求めるような心の姿勢を持ち続けなさい。なぜなら、地上でのあらゆる経験、あらゆる困難は、建設的に対処するならば、魂を成長させるものとなるからである」（エドガー・ケイシー 1445-1）

「あなたの試練を、あなたと共に歩んでくださるイエスと共に引き受けなさい。そうすれば、あなたの経験において、霊性進化を妨げる力は消えるでしょう」（エドガー・ケイシー 793-2）

「神は、あなたがたを耐えられないような試練にあわせることはないばかりか、試練と同時に、それに耐えられるように、逃れる道も備えて下さるのである」（コリント人への手紙 10：13）

社会的道徳的な学びと実践だけでは成し得ない、さらに崇高で清浄な霊的進化を求めるためには、祈りと瞑想が必要です。

そして、その原動力となるのは、神性を求め、神に向かって歩みたいという確固たる決心です。

「私たちが神に向かって一歩進めば、神は私たちに向かって十歩進んでくださる」（シュリ・ラーマクリシュナ大師）

ここで一人ひとりがしっかりと内観して、自分が真摯に真我への霊的渇望を抱いている真の探求者であるかどうか確認してください。

神との霊交を願う気持ち、神との合一を渇望する気持ち

を確認し、そのために人生の時間を費やす覚悟があるかどうか、明確にしてください。

　「義に飢え渇いている人たちは、幸いである。彼らは飽き足りるようになるであろう」（マタイによる福音書5：6）

　「あなたが心から望む安心感や究極の満足感は、神の中にあります」（スリ・ダヤ・マタ）

yogī yuñjīta satatam ātmānaṃ rahasi sthitaḥ
ekākī yatacittātmā nirāśīr aparigrahaḥ 6.10

「ヨーガ行者は人里離れた所で隠遁生活を送り、心身を制御し、願望なく、所有の観念を放棄し、いつも心の集中に努めなければならない。(10)」

　この節では、瞑想に際しての準備が示されています。
　一人になれる場所を確保して、心身を落ち着かせて制御し、願望や期待、物への執着を放棄して、瞑想を行います。

　「人里離れた所で隠遁生活を送り」とは、実際に人のい

ないところに住むという意味だけではなく、俗世間で社会生活に従事しながらも、俗世間の波動に染まらない生き方をすることを意味しています。

さらには、瞑想だけでなく、日常生活を瞑想的に生きることをも示しています。この節は、惟神の道が心に在る日本人には、特に得意な教えとなるはずです。

蓮が泥水の中で成長する時に、自らの植物体の中に泥水をそのまま入れないように、どこにいてもその場の低俗な波動を自らに取り入れない生き方が大切です。

人は、浅い意識を中心に生きていると、簡単に世間の流行に流されてしまいます。自分の判断力が鈍っているために、あきらかに不必要なものであっても皆と同じものを欲してしまいます。以前は誰も見向きもしなかったような飲み物を、ひとたび流行すると何時間でも行列に並んで、手に入れようとします。そして、あっという間に流行が終わると、再び誰も見向きもしなくなるのです。

もちろん、人里離れた場所は自然が多く、人の想念の影響も少ないために理想的な精神鍛錬が可能です。

でも、社会生活を送る上で、必ずしも誰もが理想的な場所に住めるわけではありません。

　建物の素材や形状からも、ある程度の影響は受けます。集合住宅よりは戸建ての方が望ましく、建築素材もできればコンクリートよりも天然木の方が望ましく、近隣との間に自然があればより快適です。標高もある程度高いことが望ましいでしょう。

　でもさまざまな要因は、そこに住む人の高い波動で、ある程度までは打ち消すことが出来ることが多いのです。

　そう、今自分がいる場所を理想的な環境にすればいいのです。

　人は、聖なる場所を創ることが好きな唯一の生き物です。だから世界中の至るところに、寺院や教会、神社、石碑などが存在しているのです。これは他の生き物には無い特徴です。

　また瞑想は、基本的には、一人で始めるものであることも示されています。

　瞑想中に、すぐ傍で瞑想に関係のない人が五感を刺激するような作業をしていれば、集中できないだけでなく、心に不必要な負担や緊張がかかり、さらに余計な雑念が湧いてきてしまいます。そしてそれは、スムーズな意識の変容のプロセスを妨げてしまいます。

もちろん、同じ意識を持った人たちが集まって一緒に瞑想することも、とても良い効果をもたらします。

　運動部の合宿と同じで、同じ意識を持つ人たちが同じ活動を共有することは、大きな力を生み出すのです。

　仏教では、修行と実践の集まりを「サンガ」と呼びます。サンガは、原生林のようなものです。いろいろな個性を持った人たちが集まる様子は、森の中の多種多様な存在たちが集まり、お互いに共存共栄しながら調和して繋がっているさまに似ています。お互いを理解し、尊重し、与え合い、共に成長していくことを通して、大きな学びがあります。

　また、賢者や聖者との交流は、「サットサンガ」と呼ばれています。サットサンガは、人の持つ純粋知性と純粋理性を刺激して神への信仰を強め、真我への探求心を鼓舞し、無智を取り払う勇気を与えてくれ、惟神の道を照らすことが出来ます。

　人は、大なり小なり一緒にいる人たちが作り出す集団想念に影響を受ける心の性質を持っています。ライブハウスに行けば、皆と同じように盛り上がるし、スポーツ観戦に行けば、皆と同じように思わず熱狂してしまうことでしょう。

　同じように、集団で行う瞑想会では瞑想しやすい場が創

られます。人と同調しやすい性質の強い人にとって、定期的な集団瞑想はモチベーションアップに繋がります。

　ただし、皆で一緒に瞑想する時にも、「独りで座っている」という感覚は大切にしてください。心を外の世界から離れさせて、自分の内側の世界の探求に集中するためです。

　他の人の瞑想を気にする必要はありません。独りでいる感覚であっても、深い瞑想状態ではしっかりと繋がり合い、波動を共有し合っているのです。

　日本人は、集団で一緒に行動し、他人を常に思いやりながら和を作るのが得意な民族です。ただ、和の心を大切にするあまり、自分のことよりも他人が気になったり、自分の考えを言うことが出来なくなったり、どんなことでも他人に依存しやくなる傾向もあります。

　集団の中にいて調和を取りながら、自分自身を見失わないことがとても大切です。

　瞑想や聖典の勉強の後には、「ダルマ・シェアリング」と言って、各自の体験したことを素直に分かち合い、お互いに学んでいく機会を作ることもとても有益です。

瞑想のための聖域を創る

　瞑想を始めるにあたっては、自分が毎日瞑想する静かな
場所を決めて、そこに聖域を創っていきます。聖域を創る
ことによって、心を神に向かわせます。

　そこは、自分が毎日神聖なる行為を行う場所（宮_{みや}・社_{やしろ}）
になります。瞑想専用の部屋が作れたら、その部屋に、
○○神社、○○宮など、神聖な名前を付けてもいいでしょ
う。

　瞑想専用の部屋が確保できれば最も良いのですが、確保
できなければ、部屋の一角を仕切って一人になれる場所を
確保してください。

　日々の神聖なる真摯な思いと、その思いに賛同する見え
ない世界からの高い波動が、その場のエネルギーを創り出
していき、やがてそこは本当の聖域になっていきます。

　わざわざ遠くのパワースポットに行く必要はありませ
ん。自分自身の聖域が、その人に最も適したパワースポッ
トになるのです。

　瞑想する場所は、出来るだけ清潔に片づけて、気が散る
ようなものは置かないようにします。

　物を置く時には、必要なもの、神聖なものだけを置くよ
うにしましょう。いつ大師が現れても、そのままおもてな

し出来るように清らかさを保ちましょう。

　小さなテーブルを用意して、ろうそくが灯せるようにするのもお勧めです。

　火は霊的シンボルでもあり、強いエネルギーの象徴でもあり、場を浄化します。瞑想前に炎を見つめる行為は、心を集中し、鎮める役割があります。

　私のお勧めは和蝋燭です。和蝋燭の芯は太いため、その炎は、ただ見ているだけでも心が落ち着きます。少し高価であり、作り手の職人さんのきめ細かな作業を思うと毎日は使えませんが、自分が使ってみたいと思う特別な日に使ってみましょう。

　ギーター・ジャヤンティ（神の詩「バガヴァッド・ギーター」生誕の日）、クリシュナ・ジャンマスタミ（クリシュナが地上に降誕した記念日）、シヴァラートリー（シヴァ神の威光を讃える日）、ガネーシャ・チャトゥルティ（ガネーシャ神の誕生日）、ディーワーリー（女神ラクシュミーをお祝いする光の祭典）、マハー・シヴァラートリー（年12回あるシヴァラートリーの中で最も神聖な日）といった、聖なる記念日などに使うことがお勧めです。

　ちなみに、インドの聖なる記念日は、日本で使われている太陽暦ではなく、太陰太陽暦に属するヒンドゥー暦で決

められていますので、毎年変動します。

　私は、テーブルの上にクリシュナ神をはじめとする聖者たちの画を飾っています。これは旅行用のアルター（聖壇）として販売されています。旅行や出張が多い人は、どこにでも瞑想のための簡易な神聖な場を作ることが出来るので、持っていると便利です。

　アルター（聖壇）は、心を静寂へと導き、神聖な力を与えてくれる助けとなります。また、大師たちとの繋がりを強化してくれます。

　良質のお香を焚くこともお勧めです。お香は天然のものだけを使いましょう。合成香料は、繊細な心身の活動を妨げることがあるため、避けた方が無難です。

　お香の代わりに、良質の精油を数滴水に浮かべて温めるのもよいでしょう。これもやはり合成香料は避けてください。空気中に拡がった香りを「聞く」ために大切なことです。

　瞑想に適した精油にはいくつかの種類がありますが、最初は心を穏やかにする白檀の精油がお勧めです。純粋な白檀の香りは、瞑想の時に集中するポイントの一つである眉間にある第三の眼の波動ともとても相性が良いものです。

　瞑想用の衣服を洗濯する時には、人工香料入りの洗剤や柔軟剤を使用することは止めておいた方がよいでしょう。

　神や聖者たちに捧げる気持ちを表すために、一輪の花を飾り、果実を捧げることも良いでしょう。

　日常生活が慌ただしい時には、瞑想前に心穏やかになるような音楽を流したり、聖典の一節を読むことも、心を鎮める助けになります。

　ここで問題となるのは、努力しても誰もが理想的な環境を選んだり、作ったりすることが出来ないことだと思います。

　でも、理想的な環境でなければ瞑想に集中できないというのは言い訳でしかなく、そのような心の在り方では、環境が理想的に整っていたとしても、瞑想に集中できないはずです。

　本当に眠ければどこにいても眠れるように、どんな環境に在ってもその場で瞑想を実践するように努力すべきです。それは、外界のあらゆる事象から自分の意識を離すことによって達成されていきます。

　私たちは、日々の瞑想によって、心と身体の両面を慣らしていく必要があります。

　瞑想の前の心を一点に集中するための準備として、アファーメーションを行うことはお勧めです。

　アファーメーションとは、「神に向かって自分自身に対

する肯定的な宣言をする」ということです。アファーメーションによって、大師たちへの尊敬と感謝、神への祈り、神への信愛の心構えをはっきりさせてから瞑想に入っていくことにより、瞑想の質は格段に良くなります。

　パラマハンサ・ヨガナンダ大師によると、アファーメーションには以下のことが大切なポイントとなります。
　・アファーメーションをよく理解して心を込めて唱えること。
　・唱える時には、神から与えられた自分自身の力を固く信じ、発揮する決意を固めること。

　心を込めたアファーメーションによって、宇宙に遍満する神聖なエネルギーを確実に動かして、自分だけでは成し遂げられないようなことができる、困難が起きた時にそれを乗り越えられる助けを必ず得ることができるといいます。
　『メタフィジカル瞑想』（パラマハンサ・ヨガナンダ著・Self-Realization Fellowship 刊）という、すばらしいアファーメーションの本が出版されています。

「願望なく」
　Nirasih：何ものにも魅かれない状態

　願望や欲望は、瞑想を正しい方向へと向けるには良いものの、瞑想が進み、超越意識へ行く途上で体験するさまざまな精妙な事象によって、霊性進化の道から外れる欲望が生じる危険性をはらんでいます。

　例えば、修行の途上において、特殊な能力が身につき始めた時には、どうしたくなるでしょうか。それを早速使いたくなったり、人に示したいと思うかもしれません。
　そこには本当にエゴは微塵もないでしょうか。それを人のために役立てたいという名目もあるかもしれません。でもこの名目も、根底にエゴと宇宙の法に沿わない欲求がないかどうか、しっかりとした洞察が必要です。

　これらの能力に関する技法は、いくつかの古代インドの書やその解説書などにも記載されていますが、これらの能力は修得するものではなく、心が静謐に満たされて無執着になった時に自然と身につく副産物であるとされています。
　パタンジャリ大師は、五感を超えた超知覚能力の発達は心の集中を助けることを述べているものの、これらの能力はヨーガの道を進む上で自然の摂理に対する自由度が増すことによって身につくものであり、そこに自我が介入するとサマーディの達成にとっては障壁となることがあると注

意を促しています。

　禅においても、これらの能力の獲得を目的としたり心奪われることは、大悟の妨げになると戒めています。

　霊的な力や奇跡的な能力などを欲しがれば、正しい道から外れることになります。

　すべては自然の摂理に沿って発達していくものであって、それは気候に合わせて小さな種子が発芽して、成長して、大きくなり、花が開花して、実が熟するようなものです。季節の移り変わりを自我の欲望によって早めることはできません。

　「急いではいけない。ゆっくりと確実に歩みなさい。そうすればより早く到達するだろう」（ミラレパ）

　花も時期になればきれいに開花しますが、それを冬に温室に入れて無理やり咲かせても、植物自体にいいことは何もありません。

　巷ではチャクラを開く方法や五感を超える特定のエネルギーポイントに関する技法など、様々な情報が出回っていますが、その背後にある最も大切な霊的進化の状態を無視して、無理に技法を修得することによって弊害が生じる可能性は、念頭においていただいた方がよいと思います。

　霊性進化の過程で身についた超自然能力は、欲望と執着が完全に消えた状態の時にのみ有用な使い方が可能となります。その時には、多くの大師たちが示しているように、人に知られず宇宙の法に沿ったまま人の役に立つことでしょう。

　「そこから、照明智や超自然的な聴覚、触覚、視覚、嗅覚、味覚が生じる」（ヨーガ・スートラ第三章36）

　「すべては心の働きのための力であるが、サマーディには障害となる」（ヨーガ・スートラ第三章37）

　「こうしてサンヤマを行うことにより、八つのシッディが得られる」（ヨーガ・スートラ第三章45）

　八つのシッディとは、アニマー（身体を極小にする）、ラギマー（身体が限りなく軽くなる）、マヒマー（身体を意のままに大きく出来る）、ヴィヤープティ（自由に空間を移動する）、プラーカーミヤ（望みどおりに事を動かす）、ガリマー（身体を意のままに重く出来る）、ヴァシトゥワ（あらゆるものを統治する）、イーシャトヴァ（あらゆるものを創造できる）という能力のこと。

　また、この「願望なく」という言葉には、瞑想を何かの

ために行うのではなく、瞑想自体を楽しむということも意味しています。

　瞑想した結果、何かが出来るとか、どこかが良くなるといった期待を持って行うのではなく、ただ瞑想という行為を楽しみ、味わうということです。

「所有の観念を放棄し」

　Aparigrahah：所有の観念から離れて自由になる

　瞑想とは、本当の自分に戻る技法でもあります。またそれは、所有の観念から離れていくプロセスでもあります。

　私は誰か？

　自分の持ち物は自分の所有物なのか？

　自分の家族は自分の所有物なのか？

　自分の肉体は自分の所有物なのか？

　心は自分の所有物なのか？

　「私は誰か？」という問いを絶えず内観し探求していくうちに、やがて人は、自分の本質は肉体ではなく、心でもない、永遠不滅の神の一部であることを自覚し始めます。

　すべての所有から離れた先に残るのは、永遠不滅の自分である真我です。

　ラマナ・マハルシ大師は、ある時「心を鎮める最も良い方法を教えてください」と問われ、「『私は誰か？』と問い続けなさい」と回答しています。

　瞑想では、心が周囲や肉体についての感覚を失っていくと共に、心の各要素の動きも徐々に消えていきます。

　最終的にチッタとアハンカーラのわずかな領域だけが残り、真我への門が開くのですが、この過程において所有の観念が少しでも残っていれば、それが大いなる意識の変容を妨げる要因となります。

　所有の観念を放棄できないことは、欲望や執着、争いなどの種子になります。所有の観念から離れて自由になることは、真我と共に在るための必要条件なのです。

　日本には、もともと「悟り」という概念は必要ありませんでした。

　それは、すでにそのままで万物万象すべての存在は神に属していること、すなわち神の光で創られ神の光の中に在ることを自覚していたからでしょう。

　だから日本には、神のように生きていく「惟神の道」という表現がありました。

　そもそも「悟る」「悟っていない」という区別は、神の

意識にはないのです。これは、地球人にとって太陽には「日の出」や「日の入り」がありますが、太陽自体にはどちらもないことと似ています。

「悟る」という言葉によって、悟りたいという一つの願望が生まれてきます。それ自体が、心の中で小さな気がかりとなり、惟神の道においては「氣がれ」の種子になるのです。

この、すでに自らが神、神の子であるという清らかで崇高な自覚は、瞑想により自分の本当の姿は真我であることへの探求に繋がります。

「失われたものはなく、創造もない。誰も囚われたこともなく、修行者もなく、解脱への願望もなく、解脱さえもない」（マーンドゥーキャ・カーリカー第二章）

瞑想を真摯に行っていると、自分がどれだけ進歩しているのかを知りたくなってくることがあります。時に、進歩できずに停滞しているのではないかと思える時もあるかもしれません。

山に登っていても、森の中を歩いている時には山頂や目標地点が見えず、どこまで進んだかわからないものです。でも、それでも知りたくなることがあります。それがこれから先に向かって歩いていく励みになるからです。

　瞑想の進歩については、物差しで測れるような客観的な尺度はありません。あらゆる外的な基準を使ったとしても、測ることはできません。

　唯一内的な変化によってのみ測れるのです。自分の心がどれだけ広く明るく寛容になったか、優しくなったか、日常生活の質が変わったか、見える世界がどう変化したかなどをよく内観してみればわかると思います。

　瞑想を始めてからの自分と自分の周囲の変化すべてが、瞑想の成果として顕現しているはずです。中には、わかりにくい変化もたくさんあるので、根気よく、忍耐を持って、進んでいくことです。

　本来は、瞑想の成果は期待すべきものではなく、気にしすぎることも霊性修行の足枷となるおそれがあります。パタンジャリ大師が、「至高の存在にあなた自身を献身しなさい」と語った通り、修行の成果をすべて捧げてしまいましょう。

　クリシュナがアルジュナに、「願望なく、所有の観念を放棄し」と語ったのは、その状態が理想的な深い瞑想中に「起こす」のではなく、「起こる」ことを示しています。決して努力して願望を捨てて、所有欲も捨てなさいと言ったわけではありません。

能動的になれば、心はその動きに囚われてしまうことになります。所有欲を捨てようと努力すればするほど、所有欲はついて回ることになるからです。

　瞑想を始める時に、「瞑想を始めたら、ゾウについて考えてはいけない。ゾウに関する思いを捨てなさい」と言われたとします。すると、今までの瞑想では出てくることの無かったゾウが心に張り付いて出てきてしまうことになります。

　忘れよう、離れようとする心の動きは、嫌悪に関するエネルギーと共に、マナスやアハンカーラの動きを活性化させてしまいます。

　だから、それらは努力によってではなく、自然に起こること、在るがままでいるための道標なのです。瞑想によって真我へ到達する途中の道において、それを自然なこととして受け入れることになることが、ここでは示されています。

　これは瞑想の時だけでなく、日常のすべての場面に当てはまることになります。

　自分の周りに起こるすべての現象は、自分のために成されていることであり、それを受け入れて、深いレベルで理解してから、手離すことです。受け入れるということは、

超えていくためのステップです。

　釈迦大師は、病気の比丘（僧侶）たちを見舞い、病気を受け入れて、よくその意味を理解して、しっかりと体感してから手離しなさいと伝えました。

　現代ではどうでしょうか？

　病気を受け入れず、その深い意味も理解することなく、苦を拒み、薬や予防接種なるものに頼り、医師に自分の健康回復を依存してはいないでしょうか。

　病気は、自分の意志次第で、過去のカルマをきれいに浄化してくれる絶好の機会にもなります。

　すべてを喜んで受け入れる体験とは、自分の中に拒むエネルギーが無いことを意味します。

　ただ、この様子を的確に表現することは困難です。なぜなら、「受け入れる」という言葉自体に拒むエネルギーが存在してしまうからです。

　真の受容とは、受け入れることも拒絶することも無く、ただあるがままに変容していくことだからです。この真の受容は、ヤーマ、ニヤーマが十分に修練された場合に起こることです。

　ヨーガ八支則（アシュタンガ・ヨーガ）については、す

でに第4章において言及しました。八支とは以下のとおり
です。

・ヤーマ（禁戒）

・ニヤーマ（勧戒）

・アーサナ（坐法）

・プラーナヤマ（呼吸）

・プラーティヤハーラ（感覚の制御）

・ダーラナ（集中）

・ディヤーナ（瞑想）

・サマーディ（三昧）

　この八支則において、瞑想は七番目に位置しています。
　瞑想を充実させるために何よりも大切なことは、まずは
日常生活において、ヤーマとニヤーマをしっかりと実践す
ることです。
　なぜならば、ヤーマとニヤーマを全く行わずに、心に多
くの穢れがびっしりとこびりついたまま瞑想しようとして
も、そもそも集中の前段階の感覚の制御すら出来ず、至高
の神よりも心の不純物に対して心を集中してしまうからで
す。

　想像してみてください。ヤーマもニヤーマも実践するこ

となく、日常的に暴飲暴食を繰り返し、酒におぼれ、貪欲で、他人に悪意ある暴力的行為をしている人が、至高の神に心を集中させることが出来るでしょうか。

ヤーマとニヤーマを日常生活の中でしっかりと実践し、心の穢れをしっかりと祓い、感覚を制御し清らかな心の状態で瞑想することによって、心は神へと集中できるのです。

神へと集中しやすくなるのは、真我の霊光を覆い隠している心の構成要素の一つであるアハンカーラが透明化していくからです。

日本は、将来世界において、西洋的なものと東洋的なものを橋渡しする重要な役割を担うはずです。それはこの節の一言一句を深く読み解いていくことで理解できるはずです。

「いつも心の集中に努めなければならない」

第4巻、第5巻で心の統一について述べましたが、心はとても活発に動き回っているものです。それはまるで、ボス猿のいない猿の群れが欲望のままに活動しているようです。

そして、そんな心を鎮めようとして瞑想を始めたにもかかわらず、逆に思考が頭の中で渦巻いて、落ち着きのない状態になってしまうことがあります。

それは、瞑想によって雑念が増したわけではなく、日常生活では無意識に行っていた思考が改めて見つめられた結果です。普段から無意識のうちに、心は雑念だらけになっているものなのです。

　実は、雑念が多いことは、瞑想の始めにはよい徴候です。瞑想を始める前には、それらに気付いてすらいなかったわけですから。
　雑念や雑音が気になるのは、心が静かな状態に入り始めた証拠でもあるのです。

　頭の中の雑念を無理に消そうとすることは無駄なことです。木に葉っぱがついているように、海では波がさざめくように、心には思いや感情がついているのですから。
　雑念は、カフェで流れている BGM のようなものです。カフェに入った時、最初のうちはどんな音楽かが気になって BGM が耳に入ってくると思います。でも、オーダーした飲み物が提供されて飲み始める頃には、同じように BGM は流れているのに、全く意識の中に入ってこなくなります。
　コーヒーを飲みながらスマホを触っている時、BGM の音は頭の中から消えているはずです。スマホに集中できないからと、お店の人に頼んで BGM の音を無理に切っても

らう必要は全くありません。

　雑念も同じです。雑念を心地よいBGMだと思い、歓迎して、自分は瞑想自体を楽しみましょう。雑念は自然と離れていくものなのです。

　第4巻、第5巻で述べた通り、心の構成要素であるマナスは、驚くほど活発に動き回り情報収集をする性質を持っています。

　これは肉体を持って生きていく上で、そして霊性を進化させていく上で、とても役に立つ性質ではあるのですが、私たちの社会ではそれをコントロールする教育が行われていません。だから、心を落ち着かせようと目を閉じると、頭の中の思考の渦に直面してしまうのです。

　頭の中で縦横無尽に飛び回る想念を抑えつけようとしても、想念の勢いはさらに増してしまいます。それは大騒ぎしている猿の群れを、力づくで抑えようとしているようなものです。そんなことをしたら、猿たちは余計に騒いで抵抗するでしょう。

　このような時には、猿たちの騒ぎから少し離れてただ観察していましょう。または、猿たちは放置して、自分の呼吸に意識を置いてみましょう。騒ぎ疲れた猿たちは、やがて自然と眠ることでしょう。

雑念は、川の急流にも喩えられます。

　その急流を抑制しようと急流の中に飛び込んでも、翻弄されるだけです。逆に川から上がって、ただ流れるに任せておくのです。すると、次第に気にならなくなっていきます。

　空が好きな人は、雑念を大空に浮かんでは消えていく雲だと思ってください。

　雲の無い空はありません。浮かんでは消えていく雲に気を取られたままの人などいないように、自分の雑念に気を取られることなく、ただ大空を見ていてください。すると、雲は気にならなくなっていき、いつの間にか雲一つない快晴の青空になっていくことでしょう。

　海の表面に発生するさまざまな波も、頭の中に次々と湧いてくる想念に喩えられます。海の表面が表層意識、深海が深層意識だとイメージしてみてください。

　海の浅い部分は、風や海流、海底の地形などの影響を大きく受けて、激しい波が発生します。波が完全に無くなることなど無いでしょう。それが自然なことなのです。

　でも、深海に移動したらどうでしょうか？　ゆっくりとした海流、風や地形に一切影響を受けない沈黙の世界が広がっています。

　瞑想を始める時に、海に入り、呼吸するにしたがってゆっくりと深く、深く、深海へと入っていくイメージを作ります。私は深海のずっと奥に、光り輝く世界をイメージします。浦島太郎ではありませんが、静寂の深海のずっと奥に光の世界があり、そこに入っていくイメージです。

　心が雑念でいっぱいになるのは、外側の世界に魅力を感じて、それを享受したいからです。もし心の奥（深海の奥）にそれを上回る至福の世界が広がっているとしたら、心は自分の内側に戻り、専心するようになるはずです。

　雑念は、瞑想の邪魔になるもののように思われていますが、その本質を見抜けば、瞑想の質を高めてくれる大切な資質となります。

　初めから岩が付着していない宝石の原石は存在しないし、初めから樹皮のついていない無垢の木材などありません。私たちの本性にも、思考や感情がついているのは当たり前のことなのです。

　雑念と同時に気を付けなければならないことは、心の沈滞です。三つのグナのうちのタマスが優勢になると、心の沈滞が起こります。

　心の沈滞とは、無気力になり、眠くなり、心が重く暗く

憂鬱になることです。

　心の張りが、緩すぎたり、張り詰めすぎたりすることもよくありません。弦楽器の弦は、緩すぎても張りが強すぎても、適正な音で奏でられなくなります。

　心も、適度に調律された弦楽器のように、調律することが大切です。

　自分が光に包まれ、感謝の心、慈愛の心に満たされるようなイメージを作りましょう。

　定期的に大自然の中に入り、ご来光や夕日、星空、神々しい山々、広い海原など、圧倒的な光景を眺めることもお勧めです。

　このような大自然の光景は、人を思考から離れさせる傾向を持っています。よく映画のエンディングで大自然の景色が映し出されます。これは、映画が終わった後も余韻に浸れるように、頭の思考を止めるためです。

　大自然の圧倒的な光景にただただ見入ってしまう体験が、知らないうちに何も考えない練習になっているのです。

　ただ心を静かにする習慣は、とても大事なことです。

　ある時、一頭のカバが川で自分の右目を無くしてしまいました。カバは必死になって川の中を探します。自分の巨

体の前を探して、後ろを探して、右側を探して、左側も探して、身体の下も探しました。でも見つからないのです。

　必死になって休まず探し続けるカバを見ていた鳥や動物たちは、「カバさん、少し休んだらどうですか？」と言いました。でも、カバは永遠に右目が無くなってしまうことを怖れて、休むことなく必死で探し続けます。

　結局、目が見つからないまま、カバは疲れ果てて動けなくなってしまいました。

　カバが動かなくなると、それまでカバが動いてまきあげていた川底の泥が沈み、川の水の濁りが消えて透き通り、川底まできれいに見えるようになりました。

　すると、カバは簡単に自分が落した目を見つけることが出来たのです。

　このカバさんは、日常生活で忙しくしている人の象徴です。また、濁った水は、心の濁りの象徴です。

　心静かにする時間を作って、心の濁りを観察してみましょう。

　何か静かに没頭できる趣味や音楽を楽しむこともいいでしょう。創作活動や自然と親しむ活動や運動は、集中力を増し、瞑想にもよい影響をもたらします。

一番大切なことは、日常生活の中で何を行う時にも、い
つでも感謝の心を持つ習慣をつけることです。それが、瞑
想の時にとても役立ちます。

　瞑想の前に、内観することの重要性はすでにお伝えしま
した。この聖典の第1章1節でも、内観が大切な習慣とし
て強調されています。
　内観とは、自分の内面で起きているすべての状態を丁寧
に観察して、自分と外の世界との交わりを深く洞察するこ
とです。洞察とは、起きた事象を丁寧に観察して、その本質、
そして奥底にあるものを見通すことを言います。

　私たちは、内観によって、自分と外の世界の本当の関係
を見極めようとします。それは実は、すべて自分の内面の
反映でもあるので、外の世界も内側の世界もより良い方向
へと向かわせる力を持っています。
　このような内観を繰り返すことによって、真の実在世界
に関して、物質界レベルでの誤解を減らしていくことが出
来ます。
　内観による心の安定、安心感は、心を落ち着かせること
になります。なぜなら私たちは、不安感や恐怖感がある時
には、心の安定性が大きく損なわれるからです。

瞑想体験を日常生活に拡げる

　この節の「いつも」とは文字通りの意味の他に、瞑想以外の生活における心の集中についても語っています。

　瞑想は、瞑想している時間だけが瞑想なのではありません。

　病院に行ってお医者さんに抗生物質の注射を打ってもらった場合、打った部位の腕だけに薬が作用するわけではなく、その効果は全身に及びます。それと同じように、瞑想の効果は瞑想時間だけに限らず、日常生活にも良い影響を与えます。

　朝嬉しいことがあると、その日一日中気分が良くなるように、瞑想の時の心の状態を日常生活においても浸透させていくのです。

　瞑想中と瞑想していない時を意識の中できっぱりと、または無意識にでも分けているのであれば、その壁を取り除く必要があります。瞑想で体験した心の静寂と平安を、瞑想していない日常の時間にも意識的に取り入れていくのです。

　瞑想中はとても穏やかな人なのに、車を運転すると突然別人のような激しいスピード狂になる人もいます。瞑想中に平安な気持ちになっても、パートナーと一緒にいる時に

はイライラしてしまう人もいます。瞑想中には理性的な態度なのに、お酒を飲んだ途端に性格が豹変する人もいます。

　瞑想体験で得た心の境地は、瞑想部屋の中だけに限定しないで、少しずつでも日常生活に拡げていかなければなりません。
　これを実践していくと、瞑想を知らなかった時にはわからなかった自分の内側の世界、感情と心について、どういう状態で何が起きているのか、心が正しく神の法を遵守しているのかを知ることが出来るようになっていきます。
　それを知ることが出来れば、多くの問題や試練に対して、落ち着いた心で最適な対応をすることが出来るでしょう。
　これが瞑想で人生が変わるということの真相です。

　早朝に起きたら、朝一番に瞑想するのは、目が覚めたというだけでなく本当の意味で目覚めた人になるためです。
　週に一回まとめて長時間行うよりも、毎日少しの時間でも欠かさずに行うことが秘訣です。

　「所有すればするほど、囚われてしまいます。より少なく所有すれば、より自由でいられます」（マザー・テレサ）

　「わが魂は沈黙してただ神を待つ。わが救いは神から来

る」（詩篇 62：1）

「わたしは、あなたのすべての御業（みわざ）を思い、あなたの力ある御業を深く思う」（詩篇 77：12）

「あなたがたも、夜が明け、明星がのぼって、あなたがたの心の中を照らすまで、この預言の言葉を暗やみに輝く灯火として、それに目をとめているがよい。

聖書の預言はすべて、自分勝手に解釈すべきでないことを、第一に知るべきである。

なぜなら、預言は決して人間の意志から出たものではなく、人々が聖霊を感じ、神によって語られたものだからである」（ペテロの第二の手紙 1：19-21）

「日々の生活と瞑想、宗教生活と世俗の生活との間に区別はない。そのような区別は見る者が時間に縛られているときにだけ生じるものだ。そしてそのような区別を通して混乱や不安が生まれる」（ジッドゥ・クリシュナムルティ）

「瞑想は生と離れて別にあるものではなく、それはまさに生の精髄であり、日々の生活の真髄である」（ジッドゥ・クリシュナムルティ）

「他者を知ることは知識となり、自分自身を知ることは悟りとなる」（老子）

　「依身より依所」（最澄）
　修行において、自分自身の正しい姿勢が大切なのは言うまでもないが、周囲の環境もとても重要であると最澄は説いていました。

　「人の精神の美しさは、しばしば、その人をとりまく環境の美しさによって導かれる」（エドガー・ケイシー 1771-2（46））

　「あなたが生きている処を素晴らしい場にすることに、あなた自身、あなたの人生、あなたの仕事を捧げなさい」（エドガー・ケイシー 3519-1（18））

　「一足飛びには行かん。一歩一歩と申してあろう。一度に神様を知りたいと申してもそうはいかん」（日月神示 春の巻）

　「内にあるもの変えれば、外からうつるもの、響いてくるもの変わってくるぞ。内が外へ、外が内へ響くのぢゃ」（日月神示　黄金の巻）

　「わが身を捨てて、三千世界を生きてくだされよ。わが身を捨てると申すことは我を捨てること、学を捨てることぢゃ。捨てると真理がつかめて大層な御用が出来るのであるぞ」（日月神示　極め之巻）

　「大事を成さんと欲すれば、よろしく先ず小事を務むべきなり。小事を務めて怠らざれば則ち大事必ず成る」（二宮尊徳／二宮先生語録）

　「大地に座り、命と人生、そしてその意味について瞑想している。人は、あらゆる存在から同胞としての愛を受け取っている。あらゆる被造物で構成されたこの宇宙と自分が一体化する時、自分の存在の奥深くにこの文明の神髄が吸い上げられることを知っている。

　自然とともに在る人が、このような進化の方法を捨ててしまってからは、立派な人格形成は難しくなった」（北米先住民テトン・スー族酋長ルーサー・スタンディング・ベア）

　「沈黙とは、身体と精神と魂が完璧なバランスをとっていることである。自己を統一した人は、葉の一枚たりとも動かぬ木のように、小さな波ひとつ立たない輝く池のように、常に静寂を保ち、実存の嵐に揺すぶられることはない」（北米先住民テトン・スー族酋長ルーサー・スタンディング・

ベア）

　「一番重要で、最初の平和は、人の魂のなかに生まれる。人間が宇宙やその諸力との間に、繋がりや一体感を感じられた時に、宇宙の中心には大霊が住まい、その中心はいたるところにあって、それはわしら一人ひとりの内側にも存在することを理解し、真実の平和が生まれるのだ」（北米先住民オグララ・ラコタ族ブラック・エルク）

　「祈りは神に嘆願することであり、瞑想は神の答えを聞くことである」（エドガー・ケイシー 2946-6）

　「われらが父なる大霊よ。わたしたちを真実の道へ導き給え」（北米先住民サンダンスの儀式の祈りからの抜粋）

śucau deśe pratiṣṭhāpya sthiram āsanam ātmanaḥ
nātyucchritaṃ nātinīcaṃ cailājinakuśottaram 6.11

「清浄な場所に、クシャ草と鹿皮と布を重ねて敷いた、高すぎず低すぎない安定した座を設け、(11)」

　清浄な場所とは、清潔に保った場所という意味と共に、心の清浄さも意味しています。これらの清浄さには、瞑想をより深く助ける目的があります。

　瞑想の部屋の掃除の一番の目的は、部屋をきれいにすることを通して自分の心を清めることです。瞑想を助けてくれる高次元の方々をお招きする気持ちでお掃除しましょう。

「クシャ草と鹿皮」

　特定の植物や動物由来の素材は、瞑想に集中しやすくする働きを持っています。ギーターの時代のインド（バーラタ）においては、それはクシャ草と鹿皮だったようです。クシャ草は、誰でも入手しやすかったものと思われます。

　クシャ草と鹿皮を重ねることで、素材の持つ特性により瞑想者と地面の場の力を離し、また瞑想の妨げとなる虫のような小さな生物から体を守り、瞑想中のエネルギーを地面から絶縁するなど、さまざまな意図があります。

　地球は、星の中心に向かう強い磁場があります。瞑想を行う場合、この磁場を絶縁しておくことが望ましいのです。

「どんな人であれ、体内に最高の磁気的な力を有している」（エドガー・ケイシー 294-165）

現代の日本では、クシャ草は入手しにくいため、麻、イ草、シルク、羊毛が瞑想に最も適した素材になります。特にシルクと羊毛は、瞑想している人のエネルギーフィールドと大地の間の絶縁体として働いてくれます。

　さらに、シルクはショールとして両肩を覆うことで、さらに磁場の影響を減らすことが出来ます。

　クシャ草は、インドでは聖なる植物として、宗教儀式や冠婚葬祭の中でさまざまな用途に採用されています。

　イネ科の多年生植物で、学名は「Desmostachya bipinnata（L.）Stapf.」。原産地は、中東から中央アジア、東南アジアにかけての広い地域に自生しています。

　サンスクリット語では「Darbhah」、「Kusah」、ヒンズー語では「Dab」、「Davoli」、タミル語では「Darbhaipul」、テルグ語では「Dharbha」と称されています。温暖な乾燥した土地によく生育します。

　クシャ草で作った敷物は、滑らかで艶があり、イ草で出来た日本の畳に似た感触です。古い時代には、クシャ草は瞑想や儀式の時に座る御座として利用されていました。

　昔は、クシャ草で編んだ御座を敷き、その上に鹿の皮などの素材を載せて、さらにその上に布を敷くことによって、瞑想に最適な場が作られました。クシャ草を一番下に敷く

ことで、地面の温度の影響がなくなることに加えて、蟻な
どの昆虫や小動物はクシャ草を避けるので、瞑想行者の身
を守ってくれる役割を果たしました。

　地域によってクシャ草は、結婚式にも欠かせない草とな
ります。式の会場に敷き、茎で指輪を作り、式において結
婚指輪にも使われます。
　また臨終の際には、クシャ草で編んだ御座に寝かせる風
習が残る地域もありますが、これは天国へと旅立つ人を、
クシャ草の霊力によって邪気から守ると信じられているか
らです。
　クシャ草を神聖な儀式に使う場合には、定められた吉日
に刈り取り、神聖な場所に保管しておきます。ネパールで
は、クシャ草を根から引き抜くことが出来るのは、バラモ
ン階級の人に限られており、引き抜く時には聖なる植物を
称えるマントラ（オゥム・パタ・スワッハー）が唱えられ
ます。

　クシャ草の上に敷く鹿の皮は、昔は自然死した鹿から得
たものでなければなりませんでした。狩りで射止めた動物
や戦いで死んだ動物たちの皮は、使うことが禁じられてい
ました。
　これは慈悲の心と非暴力の実践でもあります。現代の革

製品が、無慈悲に屠殺されたものであるのとは大違いです。

　またこれと同様に、お供えをする場合には、不正な手段で手に入れたものは、それがどんなに素晴らしいものであっても、お供えに使うことは出来ません。

　鹿は、基本的に他の動物たちを傷つけない生き方をしているということから、尊い動物とされていたようです。

　僧侶たちが、鹿を大切にしていたエピソードがあります。

　ある僧侶が森の中で瞑想していると、猟師に追われた一頭の鹿が僧侶の目の前を走って逃げていきました。しばらく経って、今度はその鹿を追いかけてきた猟師がやってきました。猟師は僧侶に「このあたりに鹿が逃げてこなかったか？　どちらの方向へ行ったか教えてほしい」と尋ねました。

　僧侶は、絶対に嘘をついてはならないという戒律を守らなければなりません。でも正直に答えれば、おそらく鹿は射殺されてしまいます。

　そこで、僧侶は猟師に言いました。「私の目はたしかに鹿を見た。だが目は話すことは出来ない。口は話すことが出来るが、この口は鹿を見ていない」。こうして僧侶は、嘘をつくことなく鹿を守ったのでした。

「高すぎず低すぎない安定した座」

　ここでいう安定した座とは、物理的な座、肉体的な姿勢
の他に、心の姿勢、霊的な姿勢のことも示しています。

　「高すぎず低すぎない」とは、自分をよく理解し、無理
なく長続きするようにするための心得です。肉体的にも、
精神的にも、霊的にも、自分の身の丈に合った計画を持ち、
無理なくゆっくりと進めていくべきです。特に心の姿勢が
高すぎず低すぎないことは大切で、それはすなわち高慢に
なることも卑下することもよくないということです。

　昔は、地面で瞑想していたので、地面から 2 〜 5cm ほ
どに高さを設定するのが理想とされていました。
　今は、清潔な住まいでの瞑想となることがほとんどだと
思うので、直接床に敷物を敷くだけで十分です。硬い床で
あれば、小さな畳があるとさらに理想的かもしれません。

　瞑想は、無理することなく、長続きすることが何よりも
重要です。
　マラソンでも、最初からダッシュすれば、前半はよいタ
イムで通過できるかもしれません。でも、それで後半まで
持つでしょうか？　だんだんきつくなり、途中でリタイヤ
してしまうことになるかもしれません。

山登りでも、登り始めの20分は早く進みたい気持ちを抑えて、身体が温まるまでは先を急がずゆっくりと歩くことが、山頂まで快適に登り続ける秘訣です。

　登り始めてから最初の15分は、体内のエネルギー源として主に糖質が消費されます。その後たんぱく質を少しずつ消費しながら、登り始めてから30分以上したところから脂質も使われるようになっていきます。

　このたんぱく質も脂質も、糖質を使って燃焼するので、糖質が無くなると、いわゆる「しゃりばて」というエネルギー不足になることがあります。でも、ゆっくりと一歩一歩歩いていくと、過剰なエネルギー消費が抑えられ、エネルギー不足が防げることがわかっています。

　瞑想も、生涯に渡って長く続けていくために、焦ることなくゆっくりと続けることを心がけていただきたいと思います。

　「坐法は、快適で安定したものでなければならない」（ヨーガ・スートラ第二章46節）

　「ヨーガ・スートラ」を編纂したパタンジャリ大師は、アーサナ（坐法）を実施する前に、心の姿勢を整えるヤーマ・ニヤーマを十分に行うことを提唱していました。

　「平らで清潔な、そして小石・火・埃の無い、騒音が無く、水や宿泊施設などが無い、心地よく、心を刺激する対象物の無い、洞穴などの風の吹かない処に、独り座して心を統一しなさい」（シュヴェターシュヴァタラ・ウパニシャッド）

　このように、出来るだけ快適な場を設けて日々の瞑想を行うことが推奨されますが、旅行中などは、どうしてもそれが難しい時もあります。

　そんな時は、理想的な瞑想場所にいるとイメージしてみましょう。

蚊に刺されながら悟りを開いた釈宗演禅師

　ここでは、蚊に刺されながら悟りを開いた、釈宗演禅師の話をご紹介しましょう。

　釈宗演禅師は、明治・大正時代に活躍した禅僧で、日本人の僧として初めて「禅」を「ZEN」として西洋社会に伝えた禅師として有名です。生まれは安政6年、安政の大獄の年で、徳川幕府が終焉し明治新政府が開かれていった時代です。

　幼少期から京都の妙心寺で修行し、その後建仁寺で修行、20歳になると鎌倉へ赴き円覚寺にて今北洪川老師を師として修行しました。そこで禅の修行に専念し、25歳という若

さで「老師」と呼ばれるようになります。

　そしてその後、驚くことに27歳になってから、慶應義塾に入塾します。

　禅師は29歳の時に、山岡鉄舟や福沢諭吉の資金援助の元で、仏教の原典を学ぶためにセイロン（現・スリランカ民主社会主義共和国）に渡りました。ところが、セイロン滞在中には思ったような成果が上げられませんでした。

　そこで、日本に帰国する途中でシャム国（現・タイ王国）に寄港し、戒律を受けることを計画しました。

　セイロンからシャム国に行く船では、すでに旅費も尽きかけていて、船には乗れたものの部屋代を支払うお金がなく、禅師は甲板の上で昼夜を過ごす扱いとなりました。

　こうして禅師はシャム国へと向かうのですが、シャム国バンコクのメナム河の河口まで着いたところで、低潮のために船が奥へと進むことが出来ず、潮が満ちるまでの間停泊することになりました。

　その日は、天候がどんよりとして、蒸し暑い状態でした。

　宗演禅師が甲板で休息していると、無数の蚊の群れが禅師を襲ってきました。

　禅師は船室に入れないので、蚊の大群から逃れることは

出来ません。どうしても避けようのない窮地に追い込まれた禅師は、ある決意をしました。

　禅師は、修行した身でありながら、蚊ごときで心乱されるとは何事かと自分を戒めました。そして、自分は幼少の頃に出家して以来今日まで、何の孝行も出来ていない。そんな思いから、せめて蚊のために自分を役立たせようと思い、「よし、この無数の蚊たちがお腹いっぱいになるまで、自分の血を施してあげよう」と決めたのです。

　禅師は、氣合いを入れて甲板の上で裸になり、瞑想（座禅）をしながら蚊を迎え入れました。
　蚊の大群は、禅師の全身に群がりました。禅師は、全身を蚊に刺され続けながら、しだいに蚊と自分と相和していき、無我の境地へと入っていきました。

　そしてそのまま、禅師は初めて悟りの境地に入ったのです。

　心頭滅却した心地よい境地の中にいた時、雷が大きく鳴り響き、スコールが勢いよく降ってきました。禅師の全身が滝のようなスコールによって洗い流されました。
　瞑想を終えて目を開いてみると、禅師の周囲には血をお腹いっぱいに吸ったままスコールに打たれて死んだ蚊の群

れが一面に落ちていたといいます。

　禅師は、このような自分ではどうにもならない状況の中で、逆境から逃げることなく強い意志と共に瞑想することで、悟りに達することができたのでした。

　このように、どんな場所であっても心の集中によって、最高の場を創り出せることもあるということを覚えておくとよいでしょう。

　「神と静かに過ごすために、毎日訪れることのできる、心の乱れの無い場所を、あなたの魂の中に確保しておきましょう」（スリ・ダヤ・マタ）

tatraikāgraṃ manaḥ kṛtvā yatacittendriyakriyaḥ
upaviśyāsane yuñjyād yogam ātmaviśuddhaye 6.12

「ここに坐り、心と感覚の働きを制御し、心を一点に集中してヨーガを実践し、自己を浄化しなければならない。(12)」

　瞑想は、「冥想」とも書きます。
　「冥」とは見えない世界の神、自分に内在する神を意味

します。そこに心を集中していくのが、冥想です。

　瞑想は、チベット語で「gom（ゴム）」と言います。ゴムは、身近に感じる、親しく接する、なじむという意味です。

　通常、ほとんどの人の意識は、外側の世界ばかりに向かっています。最も大切なはずの自分自身の内側の世界には、なじんでいないのです。自分の心に向かう習慣になじむことが、瞑想であるということです。

　瞑想を行ってきたチベット僧侶たちの脳波を調べる研究が、専門の研究機関によって複数実施されています。

　それらの研究結果によると、瞑想初心者と比較してチベット僧侶たちの脳波は、高次精神活動に関連していると推定されている脳波であるガンマ波が、極めて優勢であることが判明しています。

　さらにその脳波は、通常の人では0.5秒ほどしか維持されないのと比較して、瞑想熟練者では瞑想をしていない時にも維持されていました。

　米国ウィスコンシン大学で実施された研究においては、熟達した僧侶の脳では、瞑想状態を始めてわずか数秒のうちにガンマ波のレベルがおよそ800倍近くにまで上昇した例もありました。

　瞑想をする人の脳は成熟が早く、老化は遅い可能性があ

ることも示唆されています。

　脳には、心の制御に重要な役割を担う領域があり、その領域は通常では20代の後半ごろに発達するのですが、瞑想により、その領域の発達がより早く起こるようです。これは早い段階から、人生の質が高められることの証明にもなります。

　また、マサチューセッツ工科大学（MIT）は、瞑想が子供たちの学習能力を向上させ、ストレスに対して強くなるという研究結果を発表しています。

　瞑想と脳の科学的研究では、「注意制御」「情動制御」「身体感覚の鋭さ」「自分と外界との認識の変容」などの心理的変化が確認されています。つまり瞑想を日常的に行うと、身体にも心にも良い効果が出ることが明らかになっているのです。

　心理的な面では、「明晰さが増す」「自律神経が調う」「自分自身を丸ごと愛せる」「心穏やかに安らかにある」などの効果があることが、科学的に証明されています。

　ただし現代科学は、瞑想の効能を包括的に理解するには様々な面で限界があります。本質の限られたわずかな一面しか、解明できないのが現状です。来るべき未来には、科学と神学を融合させて、柔軟に本質をとらえていく必要が

あるでしょう。

「ここに坐り」

　基本的な瞑想は、座った姿勢で行うものと明確にしています。座る方向は、東になります。これは、第1章の戦いで両軍が向き合った時に、アルジュナの軍隊が東を向いていたことにも象徴されています。

　瞑想で座る時には、日本人には座禅座布団がお勧めです。これに座ると、誰でも背筋がすっと上に伸びるからです。

　緊張しすぎて硬くなるのも、衰弱した病人のように弱々しく力が抜けているのも、リラックスとは言えません。

　本を読むと、両足を組み合わせて両腿の上に乗せる結跏趺坐を勧めているものも多いのですが、これは日本人の身体にはあまり向いていません。

　結跏趺坐は、身体の関節の柔軟性が充分でないと足に痛みや違和感を生じることがあり、その痛みや違和感に意識が向くと瞑想の妨げになってしまうからです。

　人の血管内壁には、神経に痺れを誘発する物質を生成・放出する機能があり、血流が一定時間滞ると血流異常を知らせるためにその物質が放出されます。そのため、結跏趺坐や正座などで痺れやわずかな違和感があれば、血液やリ

ンパ液、そして生命エネルギーの滞りのサインと判断しても良いでしょう。

　私は、手を一切使わずに結跏趺坐の態勢を組むことが出来ましたが、手を使わずに出来るくらいでないのであれば、片足を乗せる半跏趺坐や脚を楽に組む安楽座など、自分にとって最も楽な座り方をしてください。

　結跏趺坐や半跏趺坐、安楽座などのように足を組むことは、身体の中心軸に沿っている重要な生命エネルギーの通り道であるスシュムナー、イダー、ピンガラーなどの流れに大きな影響を与えます。

　脚を組むことによって、全身に張り巡らされているエネルギー経路であるナディを流れる、プラーナとアパーナのバランスを調える作用があるのです。

　私は、脊椎を傷めてしまってからは、座禅座布団を利用した安楽座がお気に入りです。安楽座は、サンスクリット語で「スカーサナ」と呼ばれますが、「スカー（幸せ、心地よい）」と「アーサナ（座、体位）」が合わさった言葉です。

　足を組まずに前に伸ばして行う姿勢もあります。「パシチモッターナ－サナ」という前屈したままの姿勢がよく知られています。

歩く瞑想

　座って行う瞑想が定着してきたら、歩くときに瞑想する「歩行瞑想」を行ってみましょう。

　歩行瞑想は古代からあるものの、広く知られるようになったのは、いくつか残されている釈迦大師の指導による歩行瞑想の記録からです。禅宗などでは、経行（きんひん、きょうぎょう）とも呼ばれています。

　次の話は、釈迦大師が死の淵にいた時の話です。

　毒のある食事によって急速に衰弱し、旅先で療養中の釈迦大師の元に、スバッダという修行者が現れました。スバッダは、大師にいくつか重要ではない質問をしました。

　師は、「今はそのような質問に答える時期ではない」と言い、もっと大切な説法を行いました。スバッダは師の教えに感動し、一礼すると説法の中で指導された歩く瞑想を行いました。そしてひたすら歩行瞑想を行い続けた結果、スバッダはついにすべての煩悩を帰滅させた境地に達することが出来たのです。

　このスバッダは、釈迦大師が存命中に光明を得た最後の弟子となりました。

　余談になりますが、歩行瞑想の逸話をもう一つご紹介しておきましょう。

釈迦大師は、御自身の過去世で若い頃の歩行瞑想の逸話を話されたことがありました。

　菩薩は、山奥で修業していましたが、人里に托鉢に下りてきたところで、ある隊商に出会い、同行することになりました。

　ある日、一行は森の中で野営することになり、菩薩はその野営地の外側で歩行瞑想を始めました。

　真夜中を過ぎた頃、大勢の盗賊たちが現れました。隊商たちの荷物をすべて奪うためにやって来たのです。ところが、皆が寝静まっているはずが、菩薩が歩行瞑想を行っています。盗賊たちは、菩薩が警備中の見回りだと思い、見回りが終わってから襲撃することにしました。なぜか不思議な力が働き、襲撃出来なかったのです。

　結局、菩薩は朝まで歩行瞑想をし続けたので、夜が明けてしまい、盗賊たちは襲撃のチャンスを失いました。盗賊たちは、手にしていた石や棍棒を投げ捨てて、「隊商の者たちよ、この僧が警備していなかったら、お前たちのすべての荷物は略奪されていたはずだ。僧に感謝しろ！」と言い捨てて、去っていきました。

　翌朝、起きてきた隊商の人々は、盗賊たちが投げ捨てていった大量の石や棍棒などの武器を見て、震えあがりまし

た。

　隊商の長は、菩薩に尋ねました。

　「師よ、あなたは大勢の盗賊たちをご覧になったのです
か？」

　師は答えます。

　「もちろん見て、知っていました」。

　隊商の長は、さらに尋ねます。

　「師よ、なぜ怖くなかったのでしょうか？」

　師は答えます。

　「私には失うべき物質的財産は何もありません。だから
怖れることも、怯える必要も無いのです。いつどこにいて
もそうです」。

　その後に、隊商の人々は、釈迦大師の弟子たちとして転
生してきたのだそうです。

　釈迦大師は、歩く瞑想は真摯に行えば、とても強い効果
が見込めると述べています。

　歩行瞑想も座って行うのと同じように、美しく立ち上が
り、心を鎮めて、呼吸法から入っていきます。眼は閉じな
いで半眼にしておきます。眼は特定の焦点には合わせず、
ぼんやりと見るだけに留めます。

　呼吸と共にハートから愛が溢れてくるイメージを創りま
す。意識は眉間の少し上、第三の目に集中しておきます。

第三の目に光を持っていき、光をそこに安定させるイメージを作ると良いでしょう。

　脚があることに感謝して、ゆっくりと静かに歩行を始めます。地球の大地に足の裏で優しく愛を伝えるように歩きます。人間が傷つけてしまった母なる大地を、足の裏で一歩一歩癒すように歩いてください。

　足の裏の感覚も大切にしてください。できれば土や草地などで、裸足で行うこともお勧めです。

　一歩一歩、脚の動き、腕の動き、そしてその感覚を正確に丁寧に観察します。

　一歩踏み出すごとに、喜びと安らぎが深まっていくのを感じてください。

　目的地は無く、ただ歩くこと自体を楽しんでください。

　歩く姿は、仏陀に成りきってもよいし、勇者や王様や女王様などになってみてもいいでしょう。

　歩く瞑想は、自然の多い環境で行うことがお勧めです。単独登山なども最高の環境になります。

　歩く瞑想が終わったら、自然の中で行った場合には、感謝の気持ちとともに跪いて両手を大地につけ、大地の一部になってください。歩く瞑想中に足の裏から大地に送った愛を感じてみましょう。

瞑想の理想的な姿勢

　横に寝ながら瞑想を行うことはできません。寝たままでは、居眠りしてしまうだけでなく、瞑想で最も重要な霊的脊髄のエネルギーの流れが、意図したものとは異なってしまうからです。

　禅には、「臥禅」という病気で寝たきりの人や臨終期の人が行うものがありますが、これは目的が違うものになります。

　どうしても横になりたい場合には、瞑想前に少し眠るか、もしくは寝た状態で行うアーサナを実施してから、起きて座り、瞑想を始めてください。

　横になって行う補助的な技法に、「ヨガニドラー」というものがあります。ニドラーとは、「深い眠り」という意味があります。瞑想や睡眠の質を向上させるために行う方法の一つで、瞑想ではありません。

　これはガイドの声を聴いて深い意識へと誘導していく方法で、深いリラックス効果が得られます。常にストレスを抱えた現代人には良い方法です。ガイドはヨーガの先生の他にもインターネット動画やスマホのアプリなどでも利用できます。

　自宅で行う場合には、静かな暗めの部屋で行います。室

温は快適な温度にして、緩い服装にしましょう。瞑想と同様に、事前にトイレを済ませて、食後三時間は避けます。

シャヴァーサナの体位（仰向けに横たわり、両手の平を上に向けて体から20cmほど離して下に伸ばします。両足のつま先はやや外側を向けます）で、目は軽く閉じます。

ヨガニドラーは、眠るためのものではありません。睡眠の質を向上させ、瞑想を深めるための補助的な技法です。基本的に、ヨガニドラー中は眠りません。眠りと覚醒の合間の寝落ち一歩手前の状態を、しっかりと味わい、感じてください。

これは睡眠中の夢をコントロールしていく夢見の技法にも繋がっていきます。

座ってすぐに最も楽な体勢を取ることは難しいものです。

まず座ったら、風に揺れる一輪の花のように、身体を優しく揺らして、リラックスしていきます。それからゆっくりと風が止むように最も快適と思われる状態に身体をおさめていきましょう。

このリラックスがなかなかできない人も増えています。現代人は、日常生活でも不要なストレスがかかることが多く、頭ではリラックスしているつもりでも、無意識のうち

に身体を硬くしてしまい、それがなかなかほどけないのです。

　そのような場合は、まずお風呂で身体をリラックスする習慣をつけてみましょう。最高のお風呂の入り方の一つを書いておきます。

　衣服を脱ぐ時に、心穏やかに深い呼吸を維持しながら、肉体という地球の制服も脱ぐイメージを作ります。エネルギー体になったイメージです。

　衣服と肉体を脱いだら、ゆっくりと湯船に浸かり、ゆっくりと深呼吸します。肉体が無いので、境界が無く、どこまでも自由に拡がるイメージでゆっくりと深呼吸していきます。

　このイメージ法は、肉体だけでなく、心も緩ませることが出来ます。私は、お風呂に昆布を一本入れるのが好きです。

　安定した姿勢というと、がっしりと筋肉で固められたイメージをもつ人もいますが、そうではありません。強固な面よりも、ゆるく柔軟な面の方が重要になります。

　ハクサンイチゲという、美しい白い花を咲かせる高山植物があります。日本では、標高2500mを超える、天候が急変し常に強風が吹く最も過酷な環境に生育しています。

　この植物は、見た目は弱々しく可憐なのですが、屈強な

人が吹き飛ばされそうな強風が吹いても、風に揺れるだけ
で、花びらが飛ばされたり茎が曲がったり折れることはあ
りません。植物体の柔軟性が優れていて芯がしなやかなた
め、過酷な環境にとても強いのです。

　人も適度な筋肉はとても役に立ちますが、それと同時に
柔軟性を保つことが重要です。筋肉は、軽い運動と粗食で
も適度に維持できることは、私が身を以って証明してきま
した。

　そしてもう一つ、身体を理想的な姿勢に保つ助けになる
方法があります。

　それは、左右の掌の中心と、第三頸椎の三点に意識を置
いてみることです。

　手は左右に広げて膝の近くに手のひらを上に向けて置い
てみましょう。手はムドラも使いましょう。この三点を意
識することは、身体を安定した正しい状態に保つ秘訣です。

　これは瞑想の時だけではなく、階段を上るときでも、踊
るときでも、様々な所作に応用できます。例えば水泳の平
泳ぎの時にも、両掌と第三頸椎の三点を意識して泳いでみ
てください。姿勢がとても楽になることでしょう。

　もしできるのであれば、瞑想の時には瞑想用の衣装を用
意しておくとよいでしょう。

　服は、それを着ていた人のエネルギーを残します。瞑想に使う服には、瞑想の波動が定着していきます。仕事着を着れば意識も仕事モードになるように、瞑想用の服を纏えば瞑想を行いやすくなります。

　瞑想用の服は、清潔で、ゆったりとしていて軽い素材が良いでしょう。精麻などが入手できるとよいかもしれません。

「心と感覚の働きを制御し」

　これがヨーガ八支則の五番目である「プラーティヤハーラ（感覚の制御）」になります。

　「カタ・ウパニシャッド」には、身体を馬が繋がれた戦車に喩えて、感覚器官を戦車に繋がれた馬に喩えています。馬は、サンスクリット語で「アスワム」と言いますが、この名称は「アスワ（変わりやすい、落ち着かない）」という語源に由来しています。馬は動的な生き物で、いつも動いている様子を感覚器官に喩えてるのです。

　人が神の高みにまで到達するためには、感覚器官という馬を暴走させることなく、正しく導かなければなりません。

　瞑想を始めたばかりの段階では、さまざまな想念が沸き上がり、いかに心が彷徨っているかを思い知らされることになります。

そして、心だけでなく、身体も居心地が悪くなったり、背中が痒くなったり、首が凝ってきたり……、さらに感覚器官も鋭敏となり、些細な音が気になったり、匂いに気をとられたり……。

心が鎮まっていく前に、自分の内面の世界が、まるで戦争前の騒がしさのような状態になります。

それでもこれからの道標は自覚している状態。この状態は、バガヴァッド・ギーターの第1章に比喩的に示されています。第1章において、アルジュナの心は大きく乱れても、瞑想と共にヨーガの道を確実に歩むことによって、最終的には完全な涅槃の境地に到達することが、この聖典を通して明確に示されています。

私たちの感覚器官は、通常は外側の世界へと向けられてきたので、瞑想の始めにはこのような現象が誰にでも起こるのです。

第1章の最後に、アルジュナは弓と矢を投げ捨てて、戦車の座席に坐りこみました。これを読んで、どう感じたでしょうか？

勇敢な戦士であるアルジュナは、それまで数々の困難を克服してきました。ここで、弓と矢を投げ出したままでよいと思いますか？

　このアルジュナの様子は、天界から地上に下りてきた人が地上の出来事に圧倒されて絶望している様子をも比喩しています。

　瞑想もはじめは思うように出来ず、心も集中とは程遠いほど彷徨ってしまい、制御不能かのように思えるでしょう。
　でも全く焦る必要はありません。誰でもそうなのですから。
　一歩一歩歩みを進めていくうちに、制御不能と思われた心は次第に制御されていき、最終的にいつの日か、内在神である真我に、そして全宇宙の創造主である至高の存在と霊交するまでに高められるのです。

　「自然な性向である落ち着きの無さを減じていき、永遠無限なるものに集中して瞑想することによって、坐法（アーサナ）は修得される」（ヨーガ・スートラ第二章47）

「心を一点に集中して」

　心を集中する一つの方法として、マントラがあります。
　マントラを唱える瞑想法は、「ジャパ」とも呼ばれています。マントラを唱えることで、ふわふわと彷徨う心を安定化させます。
　マントラを唱えて始める瞑想を、「サビージャ・ディヤー

ナ（サガルバ・ディヤーナ）」と呼びます。マントラを唱えない瞑想を、「ニルビージャ・ディヤーナ（アガルバ・ディヤーナ）」と呼びます。

マントラは、神の波動を持つ神聖な言葉です。神から授かったエネルギーが凝縮されたエッセンスとも言えます。

日本では「真言」と訳されます。真言の「言」は、言霊です。言霊は、音霊、形霊、数霊、色霊などあらゆる形式のエネルギーも含んでいます。真言は、魂に最も近い部分「神霊」の波動を帯びた神聖なものになります。

「神は言葉を超越し、表現できない。だが、神は言葉を表現する。それをブラフマンと知れ」（ケーノ・ウパニシャッド第一章4）

「真言教をば神通乗と名づく」（空海／雑問答四）
真言の教えは、神に通じる道と言われている。

私たちが言葉を発する時、聞こえてくる音を「ヴァイカリー」と言います。

言霊の根源は、最も精妙なエネルギー領域にある「シャブダ・ブラフマン」という大霊の属性から生まれ、「パラー」という形になって、心に思いの言霊として形成されます。

心の思いで作られた言霊は、「パシャンティ」と呼ばれています。このパシャンティは、物理的振動になる前の言霊「マディヤマ」と呼ばれます。

　マディヤマは、声帯、舌、口を通り、粗大なエネルギーの声「ヴァイカリー」として物質世界に発せられます。

　私たちが何気なく発する言葉のすべては、肉体の耳に聞こえる領域だけではなく、遥かに精妙なエネルギー領域においても鳴り響いています。

　つまり、心に思った時点で、それはすでに言葉を発したのと同じ効果となるということを、しっかりと覚えておかなければなりません。

　これが正しい言葉を使うことの本当の意味です。

　悪口は、言うだけでなく思うだけで、自分の精妙なエネルギー領域に傷害を与えます。神に向けた思いと言葉や愛に溢れた思いと言葉は、自分の精妙なエネルギー領域にとても良い恩恵をもたらしてくれます。

　私たちは皆エネルギーで創られた生命体です。肉体は、そのエネルギー体の一部のエネルギーを粗大にして固めたものです。私たちは、肉体もエネルギー体もすべて含めたエネルギー生命体なのです。

神聖なマントラを心を込めて唱えることによって、私たちは聖なるエネルギーに包まれていきます。

　唱える時には、口に出す場合と、心の中で唱える場合があります。

　マントラは、ただ棒読みするためだけに与えられるものではありません。言霊を理解し、誠心誠意を込めて、意識の波長を最高に高めようとする気持ちが必要です。

　基本的には、自分のマントラをむやみに人に伝えることはありません。

　数珠を手に持ち、一回ごとに一つのマントラを唱えると、一周した時に108回唱えることになります。数珠を使うのは、心を他の対象から引き離し、神のみへと集中させる助けとなるための初歩的に優れた手段です。数珠の代わりに、クリスタルや法具などを手にする人もいます。

ルドラクシャの数珠

　手に最もしっくりなじむのは、ルドラクシャの数珠です。

　ルドラクシャの数珠は、かなり安いものから高価なものまで様々なものがあります。安価な数珠は、実の大きさにややばらつきがあり、着色してあったりニスなどが塗られているものが多く、高価なものは良質で均一な大きさのも

ので、不必要な化学薬品を使用していないものが多いようです。何度も買い替えるものではないので、良質のものをお勧めします。

　ルドラクシャの数珠は、神聖な樹木であるホルトノキ科ホルトノキ属のインドジュズノキ（印度数珠木）の果実の中にある種子で作られています。別名として、金剛珠、数珠菩提樹とも称されます。樹高は 10 〜 30m にもなる高木です。

　ルドラクシャの実は、よく菩提樹の実と間違えられます。特に日本では、ボダイジュというとシナノキ科の中国原産の落葉高木を指していて、釈迦大師が悟りを開いた菩提樹は、クワ科イチジク属のインドボダイジュです。インドボダイジュの種子は 1 〜 2mm ととても小さく、これは数珠にはなりません。

　インドジュズノキの実は、美しい青い色を呈しています。英語では「Blue marble tree（青い大理石の木）」と呼ばれている通り、美しい色の実です。

　インドジュズノキは、人類への慈悲の心によるシヴァ神の涙から生まれた植物という伝説があり、シヴァ神の霊力が宿っているとされ、神聖な樹木として扱われています。「ルドラ」とは、シヴァ神の別名の一つです。ルドラクシャ

の種子を身につける者は、シヴァ神の御加護があると信じられています。

　この実は熟すと落ちてきます。それを採取したら、果肉を干してから水の中でほぐして取り除き、マントラを唱えながらきれいに洗浄していきます。洗浄した水には栄養があるため、土に還します。

　ルドラクシャをよく見ると溝で仕切られた面があり、この面を「ムキー（Mukhi）」と称します。

　一般的なルドラクシャには、1ムキーから21ムキーまでバリエーションがあります。稀に30ムキーまでのものも採取されることがあります。

　各名称は次の通りです。

1. Eka Mukhi、2. Dwi Mukhi、3. Trimukhi、4. Chaturmukhi、

5. Panchmukhi、6. Shashtmukhi、7. Saptmukhi、8. Ashtamukhi、

9. Navmukhi、10. Dashmukhi、11. Ekadashmukhi、

12. Dwadashmukhi、13. Trayodashmukhi、14. Chaturdashmukhi、

15. Panchadashmukhi、16. Shodashmukhi、17. Saptadashmukhi、

18. Ashtadashmukhi、19. Navadash,ukhi、20. Vigrahamukhi、

21. Ekavimshamukhi、22. Bahvimshamukhi、23. Trimshamukhi、

24. Chaturvimshamukhi、25. Panchavimshamukhi、

26. Shastvimshamukhi、27. Saptavimshamukhi、

28. Astavimsshamukhi、29. Navavimshamukhi、

30. Dashvimshamukhi

　これら各ムキーはそれぞれエネルギーが異なり、有益な効能も異なります。

　例えば、１ムキーは希少価値が高く、霊的な力をサポートして幸運をもたらすと言われています。２ムキーは心の平安と調和をもたらし、人間関係を円滑にします。３ムキーは創造力を刺激して、自己表現する力を養います。４ムキーは心のバランスをとり、安定感を増す力を有します。

　最も一般的なのは５ムキーで、多くの効能を有しています。健康を増進し、糖尿病を予防し、腎臓、肝臓、目、骨髄など多くの器官の健康を守ります。頭脳を明晰にする効果もあります。さらに、心の健康にも強く作用し、心を落ち着かせる作用に優れています。

　ルドラクシャには、通常のナチュラルなものの他にも、一つひとつ丁寧に研磨され滑らかな珠になったモチクナ・ルドラクシャや、高地で産出される実の密度が濃くて重量が重く、耐久性が高いパットリ・ルドラクシャなどの高価なものもあります。

　実には色が違うものもあります。白っぽい色のものは、自信を高めてくれます。赤色を帯びたものは、過去のカルマを除去する役割があります。黄色を帯びたものは、リラッ

クス効果があります。黒っぽいものは、精神面、肉体面を強く活性化する作用を持ちます。

　ルドラクシャの保管も、神聖な道具として長く愛用するために丁寧な取扱いが必要です。

　基本的に、乾燥した場所で保管します。直射日光の当たる場所や極端に高温になる場所での長期保管は避けます。香水や刺激の強い精油などの匂いのある場所も避けます。

　セージを炊いた煙を浴びせることは浄化となります。セージは、ルドラクシャの実についたネガティブなエネルギーを浄化してくれます。

　意図的に数時間、日光浴と月光浴をさせることも有益です。よく手入れされた植物の近くに置くことも良いとされています。

　通常は、聖典の近くや聖者の写真の前に保管することをお勧めします。

　ルドラクシャの実には、生命エネルギーであるプラーナが流れるナディやチャクラを活性化して調和させる力があるとされています。

　インド工科大学での研究では、ルドラクシャの実には特徴的な強い電磁特性があることが確認されています。実際に、ルドラクシャの実を胸の上に置くと心拍数が安定し、

身に着けると心身が安定し、集中力が増し、不安やストレスが減少することが確認されています。特に実を糸で繋いで身に着けると、効果は増強されます。

アーユルヴェーダ医科大学の研究では、ルドラクシャの木から抽出した成分の静脈投与により、血圧が安定することが確認されています。血圧調整作用は、ルドラクシャの実を一晩漬けた水を飲むだけでも確認されています。

ルドラクシャを身に着けると、脳波もリラックスした波形になる等、他の研究でも心身に良い影響を与えることが数多く確認されています。

数珠の正しい使い方

数珠には、正しい使い方があります。

ルドラクシャは、サンスクリット語の「Rudra（ルドラ：シヴァ神の別名)」と「Aksha（目：涙）」を合わせたものが語源です。神話にされている「シヴァ神の涙」を意味しています。

ルドラクシャの起源についての神話は、聖仙ナーラダが、シヴァ神が彼の息子カールッティケーヤに語ったこととして明らかにしています。

ここでは霊的解釈を交えずに、神話のまま記しておきます。

遥か昔のこと、地上には「トリプラ・スール」というとても強靭な悪魔がいました。トリプラは地上で最も強い存在で、誰も敵う者がいませんでした。

　ブラフマーの命を受けたシヴァ神は、トリプラを倒すために、神々の力を結集した「アゴーラ」と呼ばれる地上最強の武器を創造しました。シヴァ神は、このアゴーラを創り出すために、長い悠久の時を費やして瞑想し続けました。そしてついにアゴーラは完成し、トリプラは殺され、地上で最も巨大な障壁が消えました。これにより、地上のすべての神々と人類が繁栄することが出来るようになったのです。

　そして、シヴァ神は長い瞑想から目覚め、目を開いた時、慈悲に溢れた目から涙が数滴、大地にこぼれ落ちました。その涙から生じたのが神聖なルドラクシャの木でした。

　また別の神話もあります。

　シヴァ神の最初の妃サティは、実の父の嫌がらせにより焼身自殺を遂げます。悲しみの中でシヴァ神は、サティの身体を携えて世界中を巡ります。

　その時、ヴィシュヌ神はサティの身体を52に切り分けました。サティの身体の部分が大地に落ちた所は、シャクティピータと呼ばれる聖地となり、シヴァ神の落した涙は、すべてルドラクシャの木が生まれたとされています。

　他にも、シヴァ神が長い瞑想の末に慈悲の涙を流したとか、悲しみの涙を流したとか、歓喜の涙を流したといった伝説も作られています。

　ルドラクシャは、天の父の涙と母なる大地の二つの力が合わさって創られた神樹です。

　神樹ルドラクシャの実には、38の様相があります。シヴァ神の右目からは太陽の波動を受けた12相、左目からは月の波動を受けた16相、第三の目からは火の元素の波動を受けた10相が生じました。

　それゆえ、この偉大なルドラクシャの実を大切に持つ者は、シヴァ神の境地に達することが出来るとされています。その神聖な力はとても強く、ルドラクシャを身に着けた動物が解脱してしまったという言い伝えもあるほどです。

　ルドラクシャを入手したら、まずお清めの儀式を行います。

　ルドラクシャを神聖なシヴァ神からの贈り物として、清らかな水で洗い清めます。

　ルドラクシャに、白檀の粉、またはペースト、または聖なるヴィブーティを少量つけます。白檀のお香を焚くか、白檀の精油を蒸気させます。花と果実を捧げます。

　ルドラクシャに向かってシヴァ神のマントラ「オーム・

ナマハ・シヴァーヤ」を 108 回唱えます。次に再度マント
ラを唱えながら、ルドラクシャを首にかけます。

　このお清めの儀式を経て、ルドラクシャは所有者の身を
神聖な波動で包みます。一度身に着けたルドラクシャは、
生涯に渡ってその人を守ります。
　ルドラクシャの所有者は、常にシヴァ神の神聖な力と共
に在ることを意識して、シヴァ神の御心に叶った行動する
必要があります。

　ルドラクシャの数珠は、いつでも神聖なものとして敬意
を持って扱います。
　一つひとつの実は、すべてヴェーダの象徴でもあります。
一つひとつの実の中身はブラフマーの象徴、上部はシヴァ
神、下部はヴィシュヌ神の象徴です。
　マントラ瞑想に使う他にも、肌に直接つくように身に着
けるとよいとされています。また身に着けていない時や就
寝の時には、祭壇に置いておきます。

　ルドラクシャの数珠は、大切に使用して定期的な手入れ
を行えば、長い間使うことが出来ます。
　汚れたら清らかなぬるま湯で洗い、細かい汚れは歯ブラ
シで取り除きます。この作業は、シヴァ神のマントラを唱

えながら行います。

　再び清らかな水ですすいだら、時間をかけて自然乾燥させます。最後に、オリーブ油、ゴマ油、アルガンオイル、荏胡麻油、亜麻仁油などを少量刷り込んでいきます。中でも荏胡麻油は、揮発性が良く手入れに適しています。

　ルドラクシャの数珠の持ち方について、まずは手の指の意味をしっかりと把握する必要があります。親指はブラフマン、人差し指はジーヴァ（自分の真我）を表し、中指はサトヴァ、薬指はラジャス、小指はタマスと、それぞれ三つのグナを象徴しています。

　そのため、数珠はサトヴァの象徴である中指の内側に置きます。ラジャスとタマスである薬指と小指は、数珠に触れないように折り曲げておきます。これは、グナをサットヴァ優勢にする意図があります。数珠を薬指と小指も含めて触れ続けることは、三つのグナに囚われ続けることを意味します。

　数珠を中指の内側に乗せたら、真我の象徴である人差し指で、一周108回を一珠一珠丁寧に操り続けます。この時、人差し指は親指に触れますが、これは真我とブラフマンを合一するという神聖な意味があります。

神聖数「108」

　ここで「108」についても、簡単に言及しておきましょう。

　日本では一般的に煩悩の数として知られている数字ですが、108 はとても神聖な意味を持っています。

　念珠の珠数は 108 であることが「ルドラクシャ・ジャーバーラ・ウパニシャッド」に記載されています。

　これはマントラを、意識することなく正確に 108 まで数えるために利用されます。この数はとても神聖な数とされています。

　人の呼吸数は、一分間に平均 15 回であり、一日の呼吸数は 108 の 200 倍。日中 10,800 回、夜 10,800 回に分割すると、それぞれ 108 の 100 倍になります。

　この呼吸数は、人の意識と宇宙を繋ぐとても大切な数とされています。サティヤ・サイ・ババ大師が、聖なる 108 という数について質問を受けた時に、人の呼吸数と関連していることを述べたことがあります。

　「ムクティカー・ウパニシャッド」には、生前解脱を望む者は、108 のウパニシャッドを読誦することが記載されています。

　「ラーマラハシヤ・ウパニシャッド」には、英雄ラーマ

の名前が 108 もあることが記載されています。

　「デーヴィー・ウパニシャッド」には、ドゥルガー女神を賛美する詠唱が 108 遍であることが記されています。

　「シュリーマド・バガヴァータム」にも 108 の記載が見られます。

　クリシュナ神が飼っていた数千頭の牛たちは、108 の群れに分かれていました。クリシュナ神の周囲に取り巻くゴーピーたちは、すべて幸運の女神たちです。「スカンダ・サンヒター」によると、数千というゴーピーたちの中で、主なゴーピーは 108 人であることが記載されています。

　ハートにあるアナーハタ・チャクラに入る主要なナディの数は、108 とされています。

　ヒンズー教では、神聖な場として女神の座「ピタ」がありますが、シャクティ派にとって重要なピタはインド全土に 108 カ所あります。

　学者によって分類数が異なりますが、神聖な聖典であるウパニシャッドの主なものは 108 あります。

　チベットの聖典も 108 あるとされています。

　サンスクリット語のアルファベットは 54 です。各言霊

には、男性性（シヴァ）と女性性（シャクティ）の両方の
エネルギーがあるため、合計は 108 になります。

　ヒンズー教で覚醒のために使われている宇宙と人体を表
す図形にシュリヤントラというものがあります。この図に
は、3 本の線が交差する点が 54 あります。それぞれの交点
には男性性（シヴァ）と女性性（シャクティ）があり、交
点の合計は 108 になります。

　シナスタシア（共感覚）を持つ特殊能力者からみると、
108 という数はエネルギー界と物質世界を繋ぎ、活力を与
え、雑念を洗い流し、心の平和と喜びを作り出す数値とも
されています。

　108 回のマントラや神の名の詠唱は、地球に住む人の脳
と記憶力と集中力などを考慮して最適な数値となっていま
す。
　エビングハウスの忘却曲線というものがあります。人は、
学んだことを覚えているようでも、20 分後には覚えた内容
の 42% を忘れ、1 時間後には覚えた内容の 56% を忘れ、1
日後には覚えた内容の 74% を忘れてしまうことが実験から
示されています。この忘れる度合いをグラフ化したものが、
忘却曲線です。

　短期記憶は、基本的にはすぐに忘れてしまうものです。これは頭の中を雑念だらけにしないための脳の働きによるものです。そして、これらの短期記憶は、反復学習により忘れなくすることが可能です。

　人が学んだ情報は、短期記憶として脳の海馬という部位に保管されます。海馬に保管された情報は、反復することによって長期記憶と認識され、大脳皮質に送られます。大脳皮質に記憶された情報は、忘れられることなく長期に保管されます。

　さらに、その情報を反復することによって深い意識に定着させて、一つの想念フォームを作り上げる理想的な回数が、108 回ということになります。

　これより少なければ、定着した記憶を頭の中で響かせる効果が弱く、これよりも多いと注意散漫となり、唱える内容よりも数をこなすための詠唱となってしまう傾向があり、本来の目的から外れてしまいます。

　一度深い意識領域に入った言霊は、その人の在り方、性格に影響を与えてくれるものです。深い意識への神聖な言霊の定着は、霊的進化にとても大切です。

　毎日の思い、言葉、行動の積み重ねがなければ、魂の大きな進歩は得られません。思い、言葉、行動の波動が繰り

返し心身に働きかけることで、その波動がその人を形成していきます。

　この108回という回数は、地球上に肉体を持って生きる人に効率よく影響を与えるのに適した理想値となっているのです。

　このことは実際の経験に基づくだけでなく、ウパニシャッドにも記載されているように普遍意識によっても裏打ちされています。

　108という数字は、地球に肉体を持って生きている人にとって、太陽と月の諸力にも影響する大切な数値です。

　地球の地上から見て、太陽と月はその直径が大きく異なるにも関わらず、ほとんど同じ大きさに見えます。これは、地球と太陽、地球と月、それぞれの距離と直径の比がほぼ同じだからです。

　太陽と地球の平均距離は、太陽の直径の約108倍になります。

　太陽の直径は、地球の直径の約109倍です。

　さらに地球と月の距離は、月の直径のおよそ110.6倍です。現代科学による精密観測では、月は1年に3.8cm地球から離れていることが確認されています。これは、人の手の爪が伸びる長さとほぼ同じになります。このため過去の

地球と月の距離は、月の直径のちょうど 108 倍だった時期
があります。

　地球の自転軸が一周するのは、72 年 × 360°=25,920 年
ですが、これは 108 の 240 倍です。地球の赤道での円周は
21600 海里。これは 108 海里の 200 倍です。
　占星術では、黄道を 12 の星座に分け、それぞれの星座
を 2160 年かけて移動します。2160 年は 108 の 20 倍の数値
です。

　他にも多くの場所で 108 回は応用されています。
　除夜の鐘は 108 回つくので、「百八の鐘」という別名が
あります。これは、鐘の音によって目を覚まして、108 の
煩悩を消していくという意味があります。
　12 ヵ月、24 節気、72 候を合わせた数も 108 になります。
四苦八苦（4×9+8×9=108）というものもあります。

　108 は、煩悩の数とも言われています。6 つの感覚器官（目、
耳、舌、鼻、身、意）がその対象（色、声、味、香、触、法）
を把握する時に、好、嫌、非好非嫌の 3 通りがあり、合計
18 となります。その一つひとつに穢と浄があり、合計 36。
これが、過去、現在、未来の 3 通りあるので、合計 108 に
なります。

中国・東アジアの仏教宗派の一つである倶舎宗（くしゃしゅう）では、真理を誤解する迷いを88種として、さらに生まれながら持っている煩悩を10種、さらに付属する煩悩を10種加えて、すべての煩悩の数を108種としています。

　「大般若波羅蜜多経（だいはんにゃはらみったきょう）」や「大智度論（だいちどろん）：マハー・プラジュニャーパーラミター・シャーストラ」には、108の三昧が記載されています。

　密教の金剛界曼荼羅の成身会（じょうじんね）に配置されている菩薩の総数も108尊です。

　真言密教の加行（けぎょう）で行う礼拝行でも、108回の礼拝を1日3回行います。聖書では、初子（ういご）という単語が108回使われ、聖書の新改訂標準訳では「真実に」と「許す」という言葉が108回使われています。

　インドでは、9が完全数とされており、108は9の12倍になります。

　108の1は創造神、0は宇宙のすべて、8は永遠無限を表すとも言われています。イスラム教では、数字の108は神を指します。

　108はハーシャッド数の一つでもあります。インドの数学者が定義したハーシャッド数は、自然数の各位の数字和が元の数の約数に含まれている数のことです。サンスク

リット語の「harṣa（喜び）」と「da（与える）」を語源にしています。

　伊勢神宮から 108km の位置に高野山があります。さらに伊勢神宮から 108km の位置に京都御所があります。この三点は、伊勢神宮を頂点として（ほぼ正三角形に近い）二等辺三角形の位置にあります。

　ガンジス川の流域範囲は、経度差 12 度 (東経 79 〜 91 度) と緯度 9 度 (北緯 22 〜 31 度) です。12×9 = 108 になります。

　英国の有名なストーンサークルの直径は、108 フィートです。

　現カンボジアの聖なる山に造られたプノン・バケン寺院には、108 の塔があります。ここは当時の国家の中心寺院とされ、王都ヤショーダラプラと呼ばれていました。

　アジアの仏教寺院には、108 段の階段、108 列の柱、108 の神像など、108 を意識して建築されたものが多く存在します。

　数学では、108 = $1^1×2^2×3^3$ となります。

　うるう年の日数は 366 日。この 3 つの数を掛けると 3×6 ×6 = 108 になります。

　正五角形の内角は 108°です。

5は、見えない世界から現象界へと創造される時の、縦の仕組みをまとめる最も重要な数値です。

　この現象世界は、五つの元素で構成されています。5は、宇宙の中心部からのエネルギーの流れによって形成されるもの。渦や螺旋構造、人体（五本指、五感など）、五花弁など、人体から脊髄神経系を持たない海の生物まで、5が基本のものは数多く存在します。

　瞑想の時に、第三の目で見える光も五つ。肉体の感覚器官も五つ（視覚、聴覚、嗅覚、味覚、触覚）です。

　私たちが呼吸と共に取り入れている宇宙エネルギー（プラーナ）の入り口は延髄にあり、そこから脊髄を通り、五つの中枢の働きにより、二種類のプラーナが流れ、五つの生命エネルギーの流れに分けられます。すべての音に含まれる母音も「あいうえお」の五つです。

　ここで注意しなければいけないことが二つあります。

　一つは、一つの数を見る場合、その背後には同時に別の数が相補的に存在し、しかも流動性があるということ。それは、数は生きたエネルギーの象徴として表されたものだからです。

　もう一つは、数には無限の多様性に拡がる性質があり、言葉による定義は無数の性質の中のたった一つの側面を表すにすぎないということ。つまり、ある数に対して、確定

的な定義をすることは不可能であるということです。

　言葉で定義をした時点で、その数字を認識する人の内側
に形成される心象は硬直し、狭い定義の中に限定されてし
まいます。これらの注意点は、ヤントラ瞑想で大切になり
ます。

　これらのことから、108 には宇宙の根源からの深遠で神
聖な意味があり、その数自体が人に神聖な影響を与えるこ
とが理解できるでしょう。

マントラを唱える

　心の中だけで神の名を唱えながら、神の御姿を思うこと
を「ナーマ・スマラナ」または「スマラナ」といいます。

　神の名は、声で具現化された神の御姿であり、人を崇高
な目的に向かわせる言霊が使われています。人は、波動を
自らの身体に浸透させる性質を持っているために、神の名
を唱えるたびに、その高い波動によって心の穢れが祓われ、
清浄化され、神へと向かう性質を帯びていきます。意識を
低次の自我から高次の自我へと引き上げてくれるのです。

　神の名自体が強力なマントラになっています。さらに、
神の名を唱えることは、唱える者の内なる純粋な愛を育む
力を強めます。

人は、自分の口から発する言葉の波動、自分の思考の波動をそのまま自らに浸透させて自分を創っているということを、覚えておかなければなりません。口癖は、是非とも波動の高いものにするよう意識してください。

　口に常に神の御名があれば、喉が渇くことも、ハートの愛が枯渇することもありません。

　マハトマ・ガンディーは、生涯を通して神の名「ラーマ」を唱え続けたことで有名です。彼が襲撃を受けて、亡くなるときの最後の言葉も「ラーマ」でした。

　インド三楽聖の一人であるティヤーガラージャは、ラーマを21年以上に渡って唱え続けた結果、ラーマの顕現を体験しました。

　ラーマには「永遠なる至福を与える者」という意味があります。さらに、「ラ」は火の元素の象徴であり、「アー」は太陽神の象徴であり、「マ」は月の神の象徴でもあります。

　北インドの盲目の詩人であり著名な歌手でもあったスールダースは、いつでもクリシュナの御名を唱え続けたために、クリシュナ神が現れて、彼を見るために視力を与えられたという逸話があります。

　パーンダヴァ五人兄弟の共通の妻ドラウバディーの髪の毛をクリシュナの妻ルクミニーとサティアバーマーの二人が梳かしたところ、一本一本の髪すべての毛先から「クリシュナ、クリシュナ、クリシュナ……」と神の御名を唱える声が響いてきたという話があります。

　これは、ドラウバディーがクリシュナ神に心からの信愛を寄せ続けたために、髪の毛一本一本にまで、神への愛が浸透していたことを示しています。

　ちなみに、クリシュナは、「クリシュ（存在）」と「ナ（祝福）」を合わせた言葉で、信じる者に祝福を与える者という意味があります。さらには破壊する者という意味もあり、欲望や執着を破壊する助けでもあります。

　神猿ハヌマーンは、体毛一本一本がすべてラーマ神の名前を唱えているとされています。

　このような多くの逸話においても、神の名を心から唱えることの大切さが説かれています。

　「主に感謝し、その御名を呼びなさい」（詩篇 105-1）

　「至高の御方、あなたの主の御名を讃えなさい」（コーラン 87-1）

「神の御名を唱える以外に、心の平安に達する道はない」
（グル・ナーナク　シーク教開祖）

「南無阿弥陀仏」

「もし、神がわたしたちの味方であるなら、だれがわたしたちに敵し得ようか」（ローマ人への手紙8：31）

　神の名をマントラとして、信愛を込めて歌うことを「キールタン」「サンキールタン」「ナーマ・サンキールタン」といいます。

　少し似たものとしては、欧米には賛美歌、日本にはお経があります

　キールタンは、信愛のヨーガと言われるバクティ・ヨーガの行いの一つです。神の名を美しい旋律に乗せて歌い上げることで、自分の心を高めていくのです。歌が好きな人にはお勧めです。

　インドの寺院では、日常的にキールタンが行われています。最近はいろいろなキールタンのCDも販売され、またインターネット動画でも閲覧できます。

　車の運転中には、脳が通常とは少し異なる状態になるために、神聖な音楽やマントラやキールタンを使うことがお勧めです。ただし眠くならないような注意も必要です。

　究極的には、私たちの口から発するすべての言葉をマントラ（聖なる言葉）とすべきです。頭の中で思う言葉、口から発する言葉は、自分にとっても人にとってもこの世界にとっても有益な波動だけを持つ言葉で構成されるべきものです。

　マントラは霊的な食物です。私は、高校生の頃に沈黙と断食をよく行っていました。そのため、あまり親しい友人は出来ませんでしたが、とても豊かな時間を過ごすことが出来たと思います。

「**大我の真言は本有の又の本なり**」（空海／大日経開題）

　自我の無い真言こそが、言葉の持つ真の力を解き放つことが出来る。

　ここでは一般的に知られているマントラのほんの一部をお伝えします。

AUM（オーム）

　最もよく知られているマントラです。宇宙創造の音であり、すべてのマントラの母と呼ばれています。ブラフマンが音として現れたものです。宇宙のすべてのものは、オームから生じたものになります。

この神聖な AUM の音は、時空を超えた聖仙たちによって、人類にもたらされた究極の音として言語化したものです。人間の意識と神意識を結ぶ懸け橋です。この詳細については、第１章をご参照ください。

　また、AUM の正しい行法を実践してみたい人は、SRF（Self-Realization Fellowship）のレッスンがお勧めです。SRF は、聖者パラマハンサ・ヨガナンダ大師が設立した非営利団体で、世界中どこにいてもまずは自宅で正統なヨーガを学ぶことが出来ます。純粋なヨーガの教えを通して、人間の精神の崇高さや美しさと神性を人々に自覚してもらうために設立され、世界最高レベルの学びと実践の場が提供されています。

　AUM の詠唱は、オームカーラと呼ばれています。オームの詠唱を繰り返すことによって、宇宙創造で響き渡る音響を再現することになります。

　「マーンドゥキャ・ウパニシャッド」によると、AUM は三つの音で構成されているように見えますが、実は四つの段階から成り立っています。

　A（アカーラ）・U（ウカーラ）・M（マカーラ）・アナーガタ（言葉を超越したもの）の四つです。

　AUM を唱える前にも、AUM を唱えた後にも、言葉を超越したアナーガタが在ります。それは完全な静寂を保っている時に聴くことが出来るエネルギーのうねりのようなもので、「アジャパ（唱えられないもの）」とも呼ばれています。

　インドの聖典においては、聖音 AUM の唱え方にはいくつかの方法があります。伝統的に AUM は、3回1セットで唱えられます。

　最初の AUM は高い音程で、二度目は中程度の音程、最後は低い音程です。これは全宇宙と人の三段階の周波数と同調します。

　また別の唱え方では、最初のアカーラは低めの小さな声で始めて、ウカーラをゆっくりと大きくして、マカーラは再び小さな声にしていきます。UFO が遠くからやってきて、最大に近づき、去っていくようなイメージです。また、山に上昇し、頂上を超えて、向こう側へ下っていくイメージで説明されることもあります。

　AUM は、カイラス山にも喩えられます。カイラーサ山（チベットでは、カンリンボチェ）とも呼ばれ、イーシュワラ神の住処であり、またシヴァ神が住み、クベラ神（別名バイシュラバナ、毘沙門天）の社があるともされる聖なる山です。この山全体が、AUM の音響で覆われているとされ

ています。

　サイババ大師は、AUM は崇高な矢であり、その的は至
高の存在ブラフマーであると述べています。
　AUM は、キリスト教では「アーメン」、イスラム教では
「アーミン」として用いられています。
　この違いは、言語によって動物の鳴き声の発音が全く違
うようなものです。同じ音を聞いても、聞いた人によって
表現形が違ってくるのです。

　最高の聖典「バガヴァッド・ギーター」を収録する叙事
詩「マハーバーラタ」を著したとされ、ヴィシュヌ神の化
身とされる聖仙ヴィヤーサが偉大な聖仙となった最も大き
な修行は、オームカーラを一心に続け、神人合一を達成し
たこととされています。

　「アァメン（オーム）たる者、忠実な、真の証人、神に
造られたものの根源である方が、次のように言われる」（ヨ
ハネの黙示録 3：14)

　「至高の存在の表現が、聖音オームである」（ヨーガ・スー
トラ第一章 27)

「聖音オームの意味を熟慮しながら、それを繰り返し唱える」（ヨーガ・スートラ第一章28）

「この実践によって、すべての障害は無くなり、内なる自己の知が明け始める」（ヨーガ・スートラ第一章29）

「すべての障害とは、心の迷いのことであり、病気、無気力、猜疑、注意散漫、怠惰、放縦、誤った視点、不動の境地に到達できないこと、獲得した境地から落ちることを指す」（ヨーガ・スートラ第一章30）

「意識をオームの音韻に同化せよ。オームの音韻は至福のブラフマンの域である。オームの音韻に、常に心を同化する者は何も怖れない」（マーンドゥキャ・ウパニシャッド）

さまざまなマントラ

ここからは、いくつかのマントラをご紹介しましょう。

・オーム　ナマ（ハ）　シヴァーヤ

これは、シヴァ神を称えるマントラです。この言葉の中にオーム（宇宙の始まりから、発展、終結まで）、ナ（地の元素）、マ（水の元素）、シ（火の元素）、ヴァ（風の元素）、ヤ（空の元素）と、神のすべての要素が含まれています。

・ガーヤトリー

　このマントラは、第4巻で説明しています。聖典「リグ・ヴェーダ」からの一節です。

・オーム　シュリー　マハーラクシュミャイ　ナマ（ハ）

　永遠の富と美の女神ラクシュミーを讃えるマントラです。とても優しい響きに包まれます。

・オーム　タット　サット

　（ハリ　オーム　タット　サット）

　これは「バガヴァッド・ギーター」第17章からの言葉です。ギーターに収録されているサンスクリットの言葉、一句、一節を抜粋したものは、どれも素晴らしいマントラになります。

・オーム　シュリー　サイ　ラム

　禊により浄化する働きを持つマントラです。このマントラを何千回も繰り返して書く修業もあります。

・ホン　ソー

　聖なる呼吸のマントラ。呼吸に合わせて唱えます。

・マハムニ　ババジ　マハラジ

　至福に浸る大師。ババジの敬称の一つです。他にも、シヴァ・ババなどもあります。敬虔の念を込めてババジの名を唱える者は、誰であってもすぐに霊的祝福を受けることが出来ると、聖者であるラヒリ・マハサヤ大師は明言しています。

・ハリ　オーム

　癒しの力を持つマントラです。ハリは、クリシュナ神の治癒をもたらす側面であるヴィシュヌの別名。

・アハム　ブラフマスミ

　私はブラフマー（至高の神）。

・シャンティ

　お祈りの最後に「オーム　シャンティ　シャンティ　シャンティ」で締めくくります。シャンティ（平安）を三回唱えるのは、一回目に自分自身、二回目に周りの人々や存在たち、三回目に世界全体に祈りを届けるために行われます。

　他の言語にもさまざまなマントラがあります。
・エル・エリオン（最高神）
・エロヒム（神聖なるものすべて）

・シャローム（平和）

・ジーザス・クライスト

・アヴェ・マリア

・サット・ナム（シーク教創始者である導師ナーナクのマントラ）

・アッラーフ・アクバル（神は偉大なり。イスラム教のマントラ）

・アール　イー　オーム

　（エドガー・ケイシーが勧めた唱音の一つ。真我に近づくためのマントラ）

・ラー（古代エジプトの太陽神）

・ヌク・プ・ク（私は神。古代エジプトのマントラ）

・オム・マニ・ペメ・フム（観音菩薩の真言）

　日本にも素晴らしいマントラが山のようにたくさんあります。

　それは、普段話している言葉の中にも多くあります。「ありがとう」「愛してる」「美しい」「素晴らしい」なども強力なマントラです。

　国歌「君が代」も、人を解脱に導く強力なマントラです。さまざまな祝詞もマントラです。日本語は、正しく使うことが出来れば、すべての言葉がマントラになりうるのです。

　「トホカミエミタメ　祓い給え　清め給え」という
三種祓詞（みくさのはらえことば）は祓い清めのための強いマントラになります。

　「アマテラスオホミカミ」とゆっくりと力強く唱えることは、十言（とこと）の神咒（かじり）と言います。

　「真言教法は一一の声字、一一の言名、一一の句義、一一の成立、各（おのおの）、無辺の義を具せり。劫を歴とも窮尽し難し」
（空海／秘蔵宝鑰）

　真言の教えは、一つひとつの音霊と文字から成る。一つひとつの名、一つひとつの単語、一つひとつの文章が、それぞれ無数の意味を持っている。果てしない時を経ても、それを極めることは難しい。

　私たち一人ひとりの今の状態に合った強く魅かれるマントラが必ずあります。自分自身で心を落ち着かせて、直感で選んで唱えてみましょう。

　唱える時は、単なる唇の体操ではなく、心を込めて唱えることが肝要です。

神から下ろされた神聖な言葉

　マントラは、サンスクリット語が多く使われています。サンスクリット語には、「完成された言葉」という意味がある通り（語源は「Sanskrita（完全な）」）、日本語と同様に、

神から下ろされた神聖な言葉になります。

　サンスクリット語は、今でもインドの22の公用語の一つとして使われています。

　現在では、サンスクリット語にはデーヴァナーガリー文字が使われていますが、これは8世紀以降に使われるようになった文字です。それまでは、ブラーフミー文字に由来するさまざまな文字が使われてきました。

　日本では、サンスクリット語は「梵字」がおなじみとなっていますが、これは悉曇文字と称します。一般的に梵字は、さまざまな仏典と共に中国を経由して日本に入って来た文字とされていますが、実際には、古代日本にすでに梵字の原型ともいえる文字が存在していました。

　このようにサンスクリット語に多くの文字が存在したことは、日本語にも、古くから多くの種類の神聖文字がありながら、時代ともに現在のひらがなやカタカナ、漢字が使われるようになったことと似ています。

　サンスクリット語と日本語は、どちらも神から授けられた神聖な言葉として扱っていただければと思います。

　明治天皇は、次のような美しい句を詠み、日本の言霊を讃えています。

「あめつちも　動かすばかり　言の葉の

　　　　　　　　まことの道を　きはめてしがな」

　面白いことに、デーヴァナーガリー文字の文法と日本語の文法にはいくつもの共通点が見られます。

　また、日本には、意外にもサンスクリット語由来の言葉がたくさんあります。発音を日本語に当てはめる音写という方式がとられています。

　お盆の語源である「盂蘭盆会」は「ウランバーナ」

　旦那は「ダーナ（お布施）」

　三昧は「サマーディ」

　阿吽はサンスクリット語表の最初「あ」と最後の文字「うん」

　瓦は「カパーラ（皿）」

　卒塔婆は「ストゥーパ（塔）」

　娑婆は、「サハー（現世）」

　お鮨のしゃりは「シャーリ（米）」

　アヴァターは「アヴァターラ（神の化身）」

　達磨は「ダルマ（法）」など、他にもたくさんあります。

　面白いところでは、長野県の民謡「木曽節」の歌詞に出てくる「ナンジャラホイ」も、サンスクリット語の「ナムチャラホイ（踊り）」に由来するとする説があります。

現在の日本語は、サンスクリット語を含む、超古代の世界各地の言葉と関連性があったことを示す形跡が、遺跡として残されています。古代南インドのグラフィティ文字やギリシャのピロス文字、中国の甲骨文字、古代シュメール文字、古代バビロニア文字の原型とも言われる文字が次々と発掘されています。

　日本の言語やサンスクリット語は、神の言語との認識が一般にも定着し始めていますが、英語のアルファベットにも、宇宙創成から人が地上に下り、再び天界と繋がるまでの壮大なストーリーが埋め込まれています。英語も高次の存在が介入して作られた文字であり、深い意味と意図が埋め込まれているのです。

　初級編の文字として英語が世界に広がり、上級編の日本の言語やサンスクリット語などの理解へと繋がっていきます。

　アルファベットは、頂点の大霊からしっかりと計画された（枠組み）状態で二元性の世界が創造されていることを表す、「A」という文字から始まります。

　「I」は私、自我という意味があります。
　聖者ラマナ・マハリシ大師は「常に『I（私）とは誰か？』

を問いなさい。そうすれば心は鎮まり、やがて光明を得る
だろう」と言いました。

　イエス・キリストは、「I（私、自我）を断ち切りなさい」
と言いました。それが「I」を真横に斬る十字の仕草として
残されています。

　「I」の次の「J」。「J」は天界から地上に下りた人が、
再び光の世界へと還ろうとする意志が芽生えた状態を示す
文字です。

　「M」は何度も起こる試練の真っただ中。大きな変動の
中での御魂磨きを表しています。

　「N」は、試練の末に光を見出したことの象徴。

　その次の「O」から「R」までは、試練の後で宇宙の法、
宇宙の循環を明確に理解し、光の道を歩む段階を示してい
ます。人々を覚醒へと導く道筋が明確になります。

　「S」「T」は、エネルギー体に起こる変化が示されています。

　「U」まで到達すると、「Utopia」「Universe」「Unite」な
どの言葉でもわかるとおり、再び光明を得た段階となりま
す。

　最終の「Z」は、天と地を自由に行き来できる境地の象
徴です。

　言葉や思考が有する波動の力は、想像以上に大きなもの

です。

　言葉や思考によって放たれた波動は、人に大きな影響を
与えるだけでなく、太陽の黒点にも、地球の気象にも大き
な影響を与えています。

　イエス大師は、言葉の力について次のように語っていま
す。

　「この山にむかって「ここからあそこに移れ」と言えば、
移るであろう」（マタイによる福音書 17：20）

　「心を空にする時間を設けなさい」（親鸞　浄土真宗の宗
祖）

　「真言は不思議なり。観誦すれば無明を除く。一字に千
里を含み、即身に法如を証す。行行として円寂に至り、去
去として原初に入る」（空海／般若心経秘鍵）

　真言は不思議だ。観想しながら詠唱すれば、無智が取り
除かれる。一文字の中に千の意味が内包され、この身を持
ちながら涅槃の境地に到達することが出来る。完成された
智慧に至り、宇宙創成の原初に入ることが出来る。

　「教、平等の説なりといへども、総持、最も雄美なり」（空
海／五部陀羅尼問答偈讃宗秘論）

　仏の教えは誰にも平等に説かれているが、真言は最も強く美しい。

samaṃ kāyaśirogrīvaṃ dhārayann acalaṃ sthiraḥ
saṃprekṣya nāsikāgraṃ svaṃ diśaś cānavalokayan 6.13

「胴体と頭と首を垂直に保って、不動の姿勢をとり、鼻先を見つめてきょろきょろせず、(13)」

　この節から、ゆっくりと自分の内面へと入っていく準備の最終段階に入ります。

「胴体と頭と首を垂直に保つ」

　これは、自分の意識と生命力を霊的脊髄に沿って順調に上昇させるために、必須となる姿勢です。

　霊的脊髄は、肉体の脊髄とほぼ重なった位置に存在するエネルギー体構造です。

　ここを自然な形で真っすぐにすることによって、腹部、胸部も整い、肩や腕に無駄な力が入ることなく、緊張をほぐすことが出来ます。また、背筋を伸ばすことによって、呼吸が深くなり、理想的な呼吸が可能となります。

また、背筋を伸ばすのは、第4巻でも少し言及したように、スシュムナー、イダーとピンガラーというエネルギー経路を潤滑にするためでもあります。

　美しく真っすぐな姿勢では、クンダリーニ・シャクティ（会陰部にある第一チャクラ（ムーラダーラ・チャクラ）で眠っている神聖かつ強力なエネルギーで、クンダリーニの火とも呼ばれる）が、スムーズにナディを通って上昇することが出来ます。

　スシュムナーは、肉体の脊髄とほぼ同じ位置にある霊的構造であり、エネルギーの経路の最重要ナディです。

　イダーは、霊的脊髄に沿って左側を流れているエネルギー経路の主要ナディで、月のシンボルで表現されますが、これは冷たい性質を持っているからです。

　ピンガラーは、霊的脊髄に沿って右側を流れているエネルギー経路の主要ナディで、太陽のシンボルで表現されますが、これは太陽のような温かい性質を持っているからです。

　クンダリーニの創造エネルギーが目覚めて、うねりとなって動き始めると、イダーとピンガラーはスシュムナーに溶け込んでいきます。

　スシュムナーを中心として、生命エネルギーを下の霊的中枢から上方へと引き上げていくにつれて、意識が物質的

な領域に合った波長から、次第に精妙な波長へと移行していきます。

　物質意識から超越意識、宇宙意識、神意識へと移行していくイメージです。肉体は物質界に留まりながらも、意識は各次元の領域へと移行していきます。

　そして、第三頸椎、第九胸椎、第十二胸椎、第四腰椎。この４つのポイントは、生命エネルギーが上方へ引き上げられる際に大切な役割を果たします。

　生命エネルギーの経路であるナディについては、すでに前章までに詳細にお話ししました。
　全身に張り巡らされたナディの流れを潤滑にすることにより、心身を調えることはとても大切です。

　ナディの経路の数は、それを霊視した人の観方によっても変わりますが、怒りや憎しみに関連するナディは、２万４千あり、右側のピンガラーに繋がっています。
　無智に関連するナディは、２万４千あり、左側のイダーに繋がっています。
　欲望と執着に関連するナディは、２万４千あり、中央のスシュムナーに繋がっています。
　ナディの流れを円滑にして、流れを妨げる障壁を取り除

くことができれば、人の持つ根本的な煩悩である貪・瞋・癡の原因と症状を、取り去ることが出来きるとされています。

ムドラ

ナディを流れる生命エネルギーを肉体レベルから促すのは、姿勢が大きく関与しています。

ナディを流れる生命エネルギーのワークで欠かせないものに、「ムドラ」があります。ムドラとは、手、顔、全身を特定の形にして、生命エネルギーの循環を変化させる技法です。

サンスクリット語の「ムドラ（Mudra）」は、印・特性などの意味があります。語源は、「mud（喜び）」と「rati（引き出す）」で、内なる喜びを引き出す力があるという意味になります。

ムドラは、世界中さまざまな地域に見ることが出来ます。

例えば、胸の前で両手を合掌するムドラは、「アンジャリ・ムドラ」といい、世界中で見られます。瞑想の時に、第三の目を見るように両目を上にあげるのは、「シャンバヴィ・ムドラ」といいます。

ムドラの中でも手のムドラ（ハスタ・ムドラ）は、特に重要になります。

　それは、生命エネルギーの経路であるナディの末端が集中しているため、全身のプラーナのエネルギーの流れが滞っている場合にはそれを取り除き、流れをスムーズにすることが出来るからです。

　さらに手の五本の指は、それぞれ五大元素に対応しています。そのため指の形や重なりによって、五大元素のバランスを安定させることも出来ます。

　手のムドラにはさまざまな種類があり、それぞれが特性を持っています。

　肉体的なレベルを調整するものから、精神的なレベルを調整するものまで、あらゆるレベルの波長に対応したものがあります。

　ムドラによるエネルギー調整は、とても繊細なものです。その効果を明確に実感するためには、深い瞑想が必要かもしれません。また、ムドラをヨーガや瞑想の補助として使うことで、さまざまな行法をより質の良いものに変えることも出来ます。

　ムドラを行う時には、瞑想と同様に空腹時に行います。ムドラに先立って、手と指、手首の柔軟運動を行っておくとよいでしょう。

　ここでは瞑想の助けとなる代表的な4つのムドラについ

て、簡単に言及しておきます。

・ダルマダートゥ・ムドラ

　禅や座禅の時に両手を組むムドラは、「ダルマダートゥ・
ムドラ（法界定印）」といいます。ダルマダートゥとは、
清らかな精神を意味します。このムドラは、安定した呼吸
と呼吸のリズムをもたらす作用があり、瞑想の時の心の静
けさを高めます。

・ジュニャーナ・ムドラ

　瞑想の時に、そっと両手の甲を膝近くの左右の腿に乗せ
て、親指と人差し指で輪を作り、残りの三本の指はそっと
伸ばします。ジュニャーナとは「智慧、叡智」を意味します。
　意識を第三の目に集中させて清らかな眼力を目覚めさ
せ、真我へと向かう推進力となるムドラです。親指は真我、
人差し指は自我、中指と薬指、小指は三つのグナの象徴に
なります。この３本の指がきれいに揃えて伸びているのは、
グナが理想的なバランスを保っていることを意味していま
す。

・ディヤーナ・ムドラ

　ディヤーナは、「瞑想」を意味しています。長時間の瞑
想を助けるのに適したムドラです。肉体と精神をリラック

スさせて、呼吸器系の働きも助けます。特に止息の助けをしてくれます。

　両手を組んで太腿の付け根あたりにそっと置きます。右手の中指と薬指と小指を左手の中指と薬指と小指の上に重ねます。左右の人差し指の第二関節までの背面を合わせます。左右の親指の先端同士を合わせます。

・バイラヴァ・ムドラ

　バイラヴァとは、シヴァ神の化身の名で、無智と囚われの意識を破壊して真我を導き出す象徴です。二元性の分離感を破壊し、心の静寂さと平安を強めます。

　左手の掌を上に向けて腿の付け根あたりにそっと置いて、その上に右手の掌も上にして、甲を左手に重ねます。ただ手を重ねるだけのシンプルなムドラですが、心が穏やかに落ち着き、静寂へと導かれます。

瞑想で座る姿勢

　私たちは座っている時でも立っている時でも、必要以上の筋肉に力が入ってしまっています。

　「不動の姿勢」とは、がちがちに力を入れた堅い状態ではなく、完全にリラックスしていて動かさなくても快適な状態のことを言います。

野生のチーターの走りと普通の人間の走りを比べてみると、いかに人間が骨や筋肉などを効率よく使えずに、固まってしまっているかがよく理解できます。骨格に軟部組織が固着してしまっているのです。

　特に背骨の周囲に取りつく体幹部の筋肉がしっかりと機能すれば、本来のしなやかな柔軟性を持たせることが出来るのですが、実際には十分に機能していません。

　野生動物たちは、骨は骨、筋肉は筋肉として、それぞれ理想的な動きをすることが出来ます。ところが、一般的な人では、身体を動かす時にでも、骨と筋肉を一緒に固めて動かす傾向があります。つまり、身体が固まってしまっているのです。

　歩く時でも、骨と靱帯、筋肉などが一塊になって動く様子は、野生動物の無駄のない動きの美しさとは少し違った、ぎこちないものになっています。

　本来のしなやかな身体では、骨は骨、筋肉は筋肉できちんと分化した動きをするはずなのです。これがしっかりと出来ているのがトップアスリートたちで、だから最高のパフォーマンスが出来るのです。

　解剖学的に観てみると、一般人とトップアスリートといっても同じ人間ですから、同じような骨格で筋肉の付着部位も靱帯の位置もほぼ同じです。種目によりますが、筋

肉量もそれほど大きく差はありません。

　それでもパフォーマンスになると雲泥の差が生まれてくるのは、トップアスリートたちは、骨や筋肉など各器官がそれぞれ独自に理想的な動きを発揮して、各器官が美しく連動しているからです。

　このようなしなやかな身体作りを意識しておくと、座った時に、竹や木がすっと天にのびていくような自然な座り方ができるようになっていきます。

　骨格に筋肉や腱が固着して、そのまま固まってしまう要因は、大きく分けて二つあります。

　一つは、十分なストレッチが成されていないこと。

　人の肉体は、使わなければ萎縮して縮んでしまう性質を持っています。逆に、適切に使えば使うほど、機能は向上していきます。そのため、日常のストレッチがとても大切です。身体の柔軟性は、心の柔軟性と連動しています。

　もう一つは、心の緊張が筋肉の拘縮を引き起こし、付着する骨に筋肉が固着する状態を作り出すということです。

　例えば、右肩の筋肉であれば不満や憤慨、不安、心配などで硬くなります。左の肩の筋肉は、悲嘆や悲しみ、不満足、罪悪感などで硬くなる傾向があります。

　右側の背筋の上部は、裏切り、怒り、不安、拒絶の感情

で硬くなり、左側の背筋の上部では、動揺や躊躇、憤慨、無関心の感情で硬くなります。

　右の背筋の腰部は、失望、無力感、心配、怖れの感情、左の背筋の腰部では、孤独感、悲哀、絶望、罪悪感、不満感などが関係しています。

　このような心と体の関係は、筋肉だけでなく、骨も、内臓も、内分泌腺も、神経も、血液も、すべての身体の状態は心の状態に反応し、また逆に身体の状態も心の状態に反映されていきます。

　瞑想で座る姿勢は、天から糸で頭から吊るされたようにイメージして、リラックスして伸びた姿勢が理想です。

　このイメージ法は、自分の好みのイメージでもかまいません。シヴァ神がお気に入りであれば、自分がシヴァ神であるかのようにイメージします。身体が落ち着かずに動きやすいのであれば、どっしりと安定した大仏になったイメージをしてもよいでしょう。

　このようなイメージを思い描いている時は、不思議なことに、呼吸が意識せずに滑らかになってることに気がつくでしょう。これは理想的な姿勢に一歩近づいた証拠です。

　人の身体には、ほんのわずかな変化も感じ取って反応す

る、超繊細で高度なセンサー機能が備わっています。その機能は、普段から自分の身体を意識して内観していれば、よりよく活用することができるようになります。

　現時点において最高の状態で瞑想するには、身体がより良い状態の方がよいことは言うまでもありません。繊細な身体の異変を正すには、ホメオパシーによる自己治癒力の刺激がとても有効です。

　日常生活で、身体の中心軸（センター）を意識することも大切です。

　身体にはセンターがあり、それは背骨よりもやや前方、重心線と同じところを意識した状態です。センターは下方向に延びれば地球の中心に達し、上に伸びれば天に達するイメージになります。普段から、重心線を意識して作っておくことが大切です。

　センターを意識すると、体の組織の機能性・活動性が高まります。実際にセンターという解剖学的な組織は存在しませんが、意識の中で創っておくとよいものです。

　ハタヨガなどで知られるヨーガのポーズ（アーサナ）は、内側の意識へと向かう助けとなり、瞑想のための内的感覚を養うためにとても優れた方法になります。

　それと共に、心身の柔軟性を保ち、改善し、より安定し

た自然体を作ります。

「不動の姿勢をとり、鼻先を見つめて」

　まず、身体がリラックスした状態で動かないようにします。

　水を入れたコップを揺らすと、中に入っている水も揺れます。同じように、肉体が不安定に揺れているうちは、心も一緒に揺れ動いてしまいます。

　ただ、これがいきなりできる人はいません。毎日行っているうちに、ゆっくりと身体が不動の状態になっていきます。

　身体の不動の姿勢が確立されたら、五感も不動にする必要があります。

　心を鎮めていく時に最初に安定化すべき五感は、視覚です。私たちのほとんどは視覚を使う割合が最も多いからです。

　瞑想においては、視覚、そして聴覚を制すれば、他の感覚器官は自然と鎮まっていきます。

　五感を鎮めていくためには、心の構成要素であるマナスの活動をゆっくりとしていくことになります。それには呼吸をゆっくりとしていくことが必要です。

　「鼻先を見つめて」とは、実際には鼻先を寄り目にして見続けることではなく、「呼吸を意識する」という意味になります。そのため「鼻先」もしくは「上唇の上方」に意識を集めればよいでしょう。

　「安定した座位が確立されたならば、呼気と吸気が制御されなければならない。これがプラーナヤマである」（ヨーガ・スートラ第二章49）

　呼吸は、瞑想にとても重要な要素であり、すでに第4章で詳述しています。
　呼吸の出入り口である鼻の先端部を意識することは、視覚の鎮静化と同時に、呼吸のペースを落としていく作用もあります。
　人は通常、起きて働いている時は右の鼻腔主体で、吸気の時のプラーナはピンガラー・ナディを通って流れます。寝ている時には、左の鼻腔主体となり、吸気の時のプラーナはイダー・ナディを通って流れます。
　そして、瞑想の時には両方の鼻腔を均等に使って呼吸します。ただし、この左右の鼻腔を意識する必要は全くありません。夜明け前が最も深い瞑想に適しているのは、自然と両方の鼻から息を吸う時間帯だからです。

まず半眼になって、鼻先を意識したら、ゆっくりと目を閉じます。視線はただ見ている状態のイメージを残し、そこを出入りする呼吸に向けていきます。

　次第に視線が鼻先に向いていた意識から、完全に視覚から離れた状態になっていきます。

　息を吐くときは、体の汚れたエネルギーも一緒に出してしまうイメージで行うとよいでしょう。吸う時には清浄な光のエネルギーが体の隅々まで浸透するように意識します。

　実際に呼吸は、身体に酸素を提供するだけではなく、心身をリラックスさせ、エネルギーを供給し、身体の浄化、特に神経系や循環器系を浄化します。

　呼吸によって身体に取り込まれた空気で、老廃物を含んだ静脈血を再び赤い動脈血へと戻し、その時にエネルギーも供給します。

　身体の老廃物が多ければ多い程、静脈血は呼吸を必要とします。

　優れたヨギの大師たちは、体内の細胞の活動を休息させて老廃物の生成を完全に止めることが出来、呼吸が必要なくなります。

　呼吸が必要なくなれば、酸素含有の多い動脈血を全身に送り続ける必要が一時的になくなります。大師たちが心臓をコントロールできるのは、まず呼吸からコントロールできることによります。

　ただし、その境地への到達は、老廃物を減らす純粋な食生活や、心身を浄化する霊的行法を行う不断の努力の成果によるものです。

　ここでもう一度、瞑想前の呼吸法の一つを記しておきましょう。

　呼吸をする時に、最初のうちは、上唇の上あたりに意識を固定するといいかもしれません。

　ゆっくり8を数えながら鼻から息を吸いこみます。
　ゆっくり8を数えながら息を止めます。
　ゆっくり8を数えながら息を口から吐きます。

　これをしばらく続けましょう。数える数字は8よりも長くてもいいと思います。
　私が習った時には、20－20－20でした。
　無理のない範囲で自分の最も快適なペースを見つけてください。そして、これを6回、もしくは12回続けます。

次に、息を吸いながら、脚から頭へと全身の筋肉に力を入れていきます。

　息を吸い終わる時には、全身の筋肉に力が入っている状態にします。この時、拳もしっかりと力を入れて握りしめます。

　息を吐く時に、全身の力を上からゆっくりと抜いていきます。息は二度に分けて吐きましょう。「ハッ、ハァー」という感じです。これを6回繰り返します。

　それが終わったら、自然な呼吸にまかせます。もう呼吸を意識することなく、楽な呼吸です。

　意識を眉間の少し上に集中して、眉間を通して見ているイメージを作ります。20〜30分ほど、ただ自然な呼吸を味わいましょう。

　私は、息を吸う時に「ホーン」、息を吐くときに「ソー」と心の中で唱える習慣があります。

　これは聖なるサンスクリット語で、それぞれ吸気と呼気に対応する神聖な波動を持つ言葉です。

　聖なる言葉は、真理を言霊という波動に凝縮させたもの。この言霊のエネルギーを呼吸の微細なエネルギーに共鳴させて、心身に取り入れます。心を浄化し、深い意識の中へ

と導き、聖なる波動が直接心身へと働きかけて、自分自身の内側にある神聖な力を呼び起こします。

　呼吸を味わう時には、まず呼吸に意識を集中し、ゆっくりと呼吸と一つになっていく感覚を感じます。

　呼吸法で大切なことは、無呼吸の時間を味わうことです。　意図的に無呼吸にするのではなく、自然な呼吸の中での無呼吸状態のことです。呼吸法では、呼気や吸気に意識がいきがちですが、呼吸は、吸気、保息、呼気、無呼吸で成り立っています。

　吸気は創造する力、保息はその力を巡らし発展させる力、呼気は浄化する力、そして無呼吸は、原初の力です。

　呼気と吸気の間に起こる無呼吸の状態に意識を集中することが、何よりも大切です。

　呼吸法の最後には、充分に呼気をしっかり吐ききって、吐き切った後の無呼吸を味わいましょう。これを 3 回繰り返します。

　先ほど 20 〜 30 分と書きましたが、この時間は単なる目

安です。

　実際には、瞑想は時間で測るものではありません。心落ち着かせた５分の瞑想の方が、雑念だらけや途中で居眠りをした１時間の仮の瞑想よりも効果があります。

　慣れないうちは、５分行い、ほんの少し休んでまた５分行う、という方法もあります。それは30分間苦痛に耐えて座り続けるよりは、自然体に近くなるからです。もちろん、その休みの間も、意識は眉間の中央やや上に集中したままにします。ここは、第三の目が開く重要な位置であり、「ブルマディヤ（Bhrumadhya）」と呼ばれています。

　呼吸法の後には、しばらくの間、意識を眉間に置いたままの状態で、静けさの余韻を楽しみましょう。

　この行法を繰り返し行うことにより、霊光を見る体験が出来るようになります。

　そして瞑想、または瞑視法に入ります。

「きょろきょろせず」

　この段階まで来たら、静かに目を閉じたまま、意識は鼻先ではなく、神へと集中するために眉間に存在する第三の目だけに向けます。

　眼は、英語ではEYEの三文字で両目と第三の目を表し、漢字の目も三つの□があります。外側の世界を見る目が二

つ、内側の世界を見る目が一つあるということです。

　眉間は、霊眼の座であり、キリスト意識の座です。「クタスタ」、「天国の門」とも呼ばれています。

　このキリスト意識の座に心を深く集中することによって、驚くことが出来る仕組みが隠されています。ただし、この利用は神聖な目的だけに限られますので、ここでの言及は控えておきましょう。

　まずは平安な気持ちで、眉間に意識を集中してください。

「目は身体の明かりである。だから、あなたの目が澄んでおれば、全身も光り輝くだろう」（マタイによる福音書6：22）

　この目は、第三の目である眉間にある霊眼のことを意味しています。

　眉間に意識を集中すると、最初はただ暗くて何も見えないかもしれません。でも、やがてその背後に存在する精妙な魂の光が見えてくるはずです。

　ある程度瞑想が進んだ状態では、イメージ法が使われることもあります。

　第三の目に全意識を集中します。目を閉じているので肉眼では何も見えません。その暗闇の中に黄金の光に輝く霊

的太陽を見てください。

　心安らぐ黄金色の霊的太陽の光をイメージしてみてください。優しい黄金の光に包まれながら、その輝きの中にサファイアのような青く輝く空間（球体）を感じてください。クリシュナの肌の色が青白いのは、この光の象徴だからです。

　その青い空間の中心にダイヤモンドのような銀白色に輝く光があり、そこから五つの光が放射されている様子をイメージしてみてください。

　その光は、美しく、心地よく、心が安らぎ、すべてを浄化する力を持っています。その光は、キリスト意識であり、ブラフマンの目とも呼ばれています。

　その光の中に、自分の意識を融けこませてみましょう。

　なおこの時、目だけではなく心もきょろきょろしてはいけません。特にスマホは、心のきょろきょろに最も影響を与えます。

　米国テキサス大学が実施した実験があります。実験では、520人の学生を2つのグループに分けました。目の前に電源を切ったスマホを置いたグループとスマホを遠ざけたグループです。どちらのグループもスマホを使えない点では

同条件です。

　この2つのグループに同じ作業をしてもらい、集中力の持続を測定した結果、スマホを近くに置いたグループは著しく集中力が低下してしまいました。スマホが近くにあるというだけで、一つのことに集中できなくなってしまうのです。

　またロンドン大学では、アフリカのナミビアで伝統的な生活スタイルを維持している部族の若者と、ロンドンの大都市に暮らす若者で集中力の実験を行っています。

　その結果、アフリカの若者は、ロンドンの若者と比較して遥かに集中力に優れていることが判明しています。

　これは文明社会のさまざまな要因が、集中力の欠如を起こしていることを示していまます。

　「毎日の瞑想の中でキリスト意識を高めるようにしなさい。それによって恐れが追い払われるだろう」（エドガー・ケイシー 1742-4）

　　　　　　　　　　— 第6章後半（第7巻）につづく —

参考文献

「The Bhagavad Gita God Talks With Arjuna」
　　Paramahansa Yogananda 著 Self-Realization Fellowshp 刊
「神の詩」（サティヤ・サイババ著 / 中央アート出版刊）
「バガヴァッド・ギーター」（熊澤教眞訳 / きれい・ねっと刊）
「バガヴァタ・バヒニ」
　　（サティヤ・サイババ著 / サティヤ・サイ・オーガニゼーションジャパン刊）
「ヨーガ・ヴァーシシュタ」
　　（スワミ・ヴェンカテーシャナンダ著 / ナチュラルスピリット刊）
「インテグラル・ヨーガ」（スワミ・サッチダーナンダ著 / めるくまーる刊）
「バガヴァッド・ギーターの世界—ヒンドゥー教の救済」
　　（上村勝彦著 / ちくま学芸文庫刊）
「科学で解くバガヴァッド・ギーター」
　　（スワミ・ヴィラジェシュワラ著 / 木村慧心訳・たま出版刊）
「バガヴァッド・ギーター あるがままの詩」
　　（A・C・バクティヴェーダンタ・スワミ・プラブパーダ著）
「バガヴァッド・ギーター」
　　（バクティヴェーダンタ・スワミ・プラブパーダ著 / バクティヴェーダンタ出
　　版刊）
「バガヴァッド・ギーター詳解」（藤田晃著 / 東方出版刊）
「ダットレーヤによるアヴァドゥータ・ギーター」
　　（日本ヴェーダーンタ協会）
「ギーターとブラフマン」（真下尊吉著 / 東方出版刊）
「聖なる科学—真理の科学的解説」
　　（スワミ・スリ・ユクテスワ著 /Self-Realization Fellowshp 刊）
「インド神話物語 マハーバーラタ (上下)」

　　（デーヴァダッタ・パトナーヤク著 / 原書房刊）

「あるヨギの自叙伝」

　　（パラマハンサ・ヨガナンダ著 /Self-Realization Fellowshp 刊）

「知恵の宝庫」（林陽著 / 中央アート出版刊）

「インドの聖典」

　　（ムニンドラ・パンダ著 /（有）アートインターナショナル社刊）

「ネイティブアメリカン幸せを呼ぶ魔法の言葉」

　　（ケント・ナーバーン著 / 日本文芸社刊）

「ディヤーナ　ヴァーヒニー」

　　（サティヤ・サイババ著 / サティヤサイ出版協会刊）

「現代人のためのヨーガ・スートラ」（グレゴール・メーレ著 /GAIA BOOKS刊）

「聖なる師―クンサン・ラマーの教え」

　　（パトゥル・リンポチェ著 /NPO 法人日本ゾクチェン交流協会）

「心が穏やかになる空海の言葉」（名取芳彦著 / 宝島文庫）

「古神道入門」（小林美元著 / 評言社）

「魂の科学」（スワミ・ヨーゲシヴァラナンダ著 / たま出版）

「ブッダが教える心の仕組み」

　　（アルボムッレ・スマナサーラ著 / 誠文堂新光社）

「九つのウパニシャッド：シャンカラ解説」

　　（幸山美和子著 / デザインエッグ株式会社）

「真理のことば　感興のことば」（中村元訳 / 岩波文庫）

「ラマナ・マハルシとの対話」第三巻

　　（ムナガーラ・ヴェンカタラーマイア記録 / ナチュラルスピリット刊）

「プラサード」（サティヤ・サイ・ババ述 / サティヤサイ出版協会刊）

「ブッダの真理のことば　感興のことば」（中村元訳 / 岩波文庫刊）

「スタンフォード式最高の睡眠」（西野清治著 / サンマーク出版刊）

「パラマハンサ・ヨガナンダの言葉」

　　（パラマハンサ・ヨガナンダ著 /Self-Realization Fellowshp 刊）

「心の静寂の中へ」（スリ・ダヤ・マタ著 /Self-Realization Fellowshp 刊）

「ブッダとその弟子の 89 の物語」（菅沼晃著 / 法蔵館刊）

「ブッダのことば」（中村元訳 / 岩波書店刊）

「転生の秘密」（ジナ・サーミナラ著 / たま出版刊）

「シュリ・アーナンダマイー・マーの生涯と教え」

　　（アレクサンダー・リプスキ著 / ナチュラルスピリット刊）

「識別の宝石：完訳ヴィヴェーカ・チューダーマニ」

　　（シャンカラ著 / ブイツーソリューション刊）

「お坊さんにまなぶこころが調う食の作法」

　　（星覚著 / ディスカヴァー・トゥエンティワン刊）

「空海ベスト名文」（川辺秀美著 / 講談社刊）

「正釈日月神示」（中矢伸一著 / 徳間書店刊）

「二宮尊徳一日一言」（寺田一清編著 / 到知出版社刊）

「最高の体調」（鈴木祐著 / クロスメディア・パブリッシング刊）

「ムドラ全書」（ジョゼフ・ルペイジ＆リリアン・ルペイジ著 / ガイアブックス刊）

「霊魂の城」（イエズスの聖テレジア著 / ドン・ボスコ社刊）

「An Introduction to the Philosophy of Ramalinga Swami」

　　by Dr.C.Srinivasan.

「Annamalai University's complete compilation of Thiruvarutpa in all
six thirumurai in 10 Volumes」

「君が代から神が代へ」上下巻（森井啓二著 / きれい・ねっと刊）

「宇宙深奥からの秘密の周波数「君が代」」（森井啓二著 / ヒカルランド刊）

「光の魂たち 動物編 人の霊性進化を助ける動物たち」
　　（森井啓二著 / きれい・ねっと刊）
「光の魂たち 植物編 人の霊性進化を見守る植物たち」
　　（森井啓二著 / きれい・ねっと刊）
「臨床家のためのホメオパシーノート 基礎編」
　　（森井啓二著 / ナナ・コーポレート・コミュニケーション出版刊）
「エドガー・ケイシーリーディング」
　　（NPO 法人日本エドガー・ケイシーセンター　https://edgarcayce.jp/）

Detailed Explanations of Bhagavad Gita

森井 啓二 （もりい けいじ）

専門は動物の統合診療医 & 外科医。東京生まれ。北海道大学大学院獣医学研究科卒業後、オーストラリア各地の動物病院で研修。1980 年代後半から動物病院院長として統合医療を開始。趣味は瞑想、ヨガ、山籠り、油絵を描くこと。自然が大好き。40 年前にクリヤヨギたちと会う。クリヤヨガ実践。

著書に『新・臨床家のためのホメオパシー マテリアメディカ』『ホメオパシー 基本レメディ活用ガイド』『宇宙深奥からの秘密の周波数 君が代』『君が代から神が代へ』『光の魂たち 動物編』『光の魂たち 植物編』『光の魂たち 山岳編 序章』など。

ブログ：ひかたま（光の魂たち）
http://shindenforest.blog.jp/

Instagram
https://www.instagram.com/pipparokopia/

この星の 未来を創る 一冊を
きれい・ねっと

精解
神の詩
聖典バガヴァッド・ギーター
6

2023年5月22日　初版発行

著　　者　　森井啓二
発 行 人　　山内尚子
発　　行　　株式会社 きれい・ねっと
　　　　　　〒670-0904　兵庫県姫路市塩町91
　　　　　　TEL：079-285-2215 / FAX：079-222-3866
　　　　　　https://kilei.net

発 売 元　　株式会社 星雲社（共同出版社・流通責任出版社）
　　　　　　〒112-0005　東京都文京区水道1-3-30
　　　　　　TEL：03-3868-3275 / FAX：03-3868-6588

曼 荼 羅　　ジェイコブス彰子
デ ザ イ ン　　eastgraphy